全国交通运输行业职业技能鉴定教材——汽车维修工

汽车美容装潢工、汽车玻璃维修工职业技能鉴定教材

交通运输部职业资格中心
（交通运输部职业技能鉴定指导中心） 组织编审

QICHE MEIRONG ZHUANGHUANGGONG QICHE BOLI
WEIXIUGONG ZHIYE JINENG JIANDING JIAOCAI

人民交通出版社股份有限公司
China Communications Press Co.,Ltd.

内 容 提 要

本书包括汽车美容装潢工的初级、中级人员和汽车玻璃维修工的初级、中级、高级人员在通过国家职业技能鉴定时，应该掌握的技能要求和相关知识要求。

本教材是汽车维修工职业技能鉴定的辅导用书，也可作为职业院校汽车类专业的教学用书，还可作为汽车维修行业相关人员自学与继续教育的参考教材。

图书在版编目(CIP)数据

汽车美容装潢工、汽车玻璃维修工职业技能鉴定教材/交通运输部职业资格中心，交通运输部职业技能鉴定指导中心组织编审. —北京：人民交通出版社股份有限公司，2017.11

全国交通运输行业职业技能鉴定教材. 汽车维修工
ISBN 978-7-114-14223-9

Ⅰ. ①汽… Ⅱ. ①交… ②交… Ⅲ. ①汽车—车辆保养—职业技能—鉴定—教材 ②汽车—车窗—玻璃—维修—职业技能—鉴定—教材 Ⅳ. ①U472

中国版本图书馆 CIP 数据核字(2017)第 236955 号

书　　名：	汽车美容装潢工、汽车玻璃维修工职业技能鉴定教材
著 作 者：	交通运输部职业资格中心 （交通运输部职业技能鉴定指导中心）
责任编辑：	刘　博
出版发行：	人民交通出版社股份有限公司
地　　址：	(100011)北京市朝阳区安定门外外馆斜街 3 号
网　　址：	http://www.ccpress.com.cn
销售电话：	(010)59757973
总 经 销：	人民交通出版社股份有限公司发行部
经　　销：	各地新华书店
印　　刷：	北京鑫正大印刷有限公司
开　　本：	787×1092　1/16
印　　张：	12.75
字　　数：	291 千
版　　次：	2017 年 11 月　第 1 版
印　　次：	2017 年 11 月　第 1 次印刷
书　　号：	ISBN 978-7-114-14223-9
定　　价：	50.00 元

(有印刷、装订质量问题的图书由本公司负责调换)

全国交通运输行业职业技能鉴定教材
——汽车维修工
审定委员会

主 任 委 员：申少君

副主任委员：朱传生

委　　　员：王福恒　郝鹏玮　黄新宇　贾彦勇

　　　　　　　魏俊强　陶　巍　张　泓　吴晓斌

　　　　　　　苏　霆　李远军　陈　琦

《汽车美容装潢工、汽车玻璃维修工职业技能鉴定教材》
编写人员

主　　编：宋孟辉

参　　编：惠有利　卢中德　张成利　金艳秋

　　　　　王立刚　翟　静　孙　涛

前言
FOREWORD

为做好交通运输行业职业技能培训及鉴定工作,在汽车维修从业人员中推行国家职业资格证书制度,交通运输部职业资格中心(交通运输部职业技能鉴定指导中心)组织汽车维修行业的有关专家编写了《全国交通运输行业职业技能鉴定教材——汽车维修工》。

本套教材共6本,分别为:《职业道德和基础知识》《汽车检测工、汽车机械维修工、汽车电器维修工职业技能鉴定教材(初级、中级、高级)》《汽车检测工、汽车机械维修工、汽车电器维修工职业技能鉴定教材(技师、高级技师)》《汽车车身整形修复工职业技能鉴定教材》《汽车车身涂装修复工职业技能鉴定教材》《汽车美容装潢工、汽车玻璃维修工职业技能鉴定教材》。

本教材具有以下特点:

(1)坚持标准引领。教材以《汽车维修工国家职业技能标准》为基本遵循,注重把职业标准的内容与要求贯穿于教材编写全过程,并结合汽车维修工工作实际对教材内容予以拓展。

(2)突出知识结构。教材列明了不同级别的汽车维修工应该掌握的技能要求和知识要求,结构合理、层次清晰,便于汽车维修工准确了解掌握学习内容,满足了不同级别汽车维修工的学习需求。

(3)注重职业能力。教材内容以职业活动为导向,以提升职业能力为核心,突出职业特色,体现能力水平,具有较强的针对性和可操作性。

(4)体现专家权威。参与教材编写和负责教材审定的同志来自知名职业院校、维修企业、交通运输行业汽车维修主管部门和职业资格工作专门机构,具有扎实的理论功底、丰富的实践经验和良好的职业素养。

本教材是汽车维修工职业技能鉴定的辅导用书,也可作为职业院校汽车类专业的教学用书,还可作为汽车维修行业相关人员自学与继续教育的参考教材。

本教材的编写与审定,得到了汽车维修行业相关专家、学者和部分交通运输行业主管部门、职业院校、维修企业的大力支持,在此一并致谢!

由于编写时间紧、内容多、任务重,加之编审水平有限,本教材定有不足之处,恳请广大读者批评指正。

交通运输部职业资格中心
(交通运输部职业技能鉴定指导中心)
二〇一七年七月

目录 CONTENTS

上篇　汽车美容装潢工

概述 3
第一章　汽车清洗美容 9
　第一节　汽车车身清洗美容 9
　第二节　汽车内部清洁与维护 21
　第三节　发动机舱的清洗 32
第二章　汽车外部护理与装饰 35
　第一节　汽车外部美容维护 35
　第二节　汽车漆面的维护 41
　第三节　汽车底盘的维护 48
　第四节　汽车车身装饰 52
第三章　汽车内饰装饰 59
　第一节　汽车饰品的安装 59
　第二节　内饰的修复与更换 66
第四章　汽车玻璃贴膜 72
　第一节　汽车玻璃贴膜工艺 72
　第二节　汽车玻璃贴膜施工 83
第五章　汽车电子产品装饰 91
　第一节　汽车防盗报警装饰 91
　第二节　汽车倒车辅助系统装饰 101
　第三节　汽车娱乐类电子产品装饰 108

下篇　汽车玻璃维修工

第六章　汽车玻璃损伤的维修 123
　第一节　汽车玻璃基础知识 123
　第二节　汽车玻璃的霉变与划痕维修 132

第三节　汽车玻璃裂纹损伤的维修 …………………………………………… 136
第七章　汽车窗(门)玻璃的拆装与维护 ………………………………………… 142
　　第一节　车门玻璃及其附件的拆装与维护 …………………………………… 142
　　第二节　车窗玻璃及其附件的拆装与维护 …………………………………… 155
第八章　汽车风窗玻璃及其附件的拆装与维护 ………………………………… 165
　　第一节　风窗玻璃附属装置的拆装与维护 …………………………………… 165
　　第二节　风窗玻璃的拆装与更换 ……………………………………………… 181
　　第三节　汽车玻璃安装方案工艺制定 ………………………………………… 193

参考文献 ……………………………………………………………………………… 196

上篇 汽车美容装潢工

- 概述
- 第一章　汽车清洗美容
- 第二章　汽车外部护理与装饰
- 第三章　汽车内饰装饰
- 第四章　汽车玻璃贴膜
- 第五章　汽车电子产品装饰

概　述

现代社会,汽车与人类活动息息相关。汽车已经不仅仅是普通的代步工具,更是一个国家科技发展水平的代表。

一、汽车基础知识

1. 汽车定义与分类

1）汽车定义

（1）国家标准《汽车和挂车类型的术语和定义》(GB/T 3730.1—2001)对汽车的定义为:由动力驱动,具有四个或四个以上车轮的非轨道承载的车辆,主要用于载运人员和/或货物;牵引载运人员和/或货物的车辆;特殊用途。还包括与电力线相联的车辆,如无轨电车和整车整备质量超过400kg的三轮车辆。

（2）美国汽车工程师学会标准SAEJ 687C对汽车的定义是:由本身动力驱动,装有驾驶装置,能在固定轨道以外的道路或地域上运送客货或牵引车辆的车辆。

（3）日本工业标准JISK 0101对汽车的定义是:自身装有发动机和操纵装置,不依靠固定轨道和架线能在陆上行驶的车辆。

2）汽车分类

我国对汽车分类的依据先后有1988年和2001年两个标准。对于2001年以前生产的汽车按照《汽车和半挂车的术语及定义　车辆类型》(GB/T 3730.1—88)来分类;对于2001年以后生产的汽车按照《汽车和挂车类型的术语和定义》(GB/T 3730.1—2001)来分类。为了与国际接轨,建议尽量使用2001年的标准。

（1）按照《汽车和半挂车的术语及定义　车辆类型》(GB/T 3730.1—88)的分类方法,汽车分为货车、越野车、自卸车、牵引车、专用汽车、客车和轿车七类,同时,对于同一类的汽车根据主要的特征参数来进行分级。货车和越野车按照车辆的总质量分级;客车按照车辆的总长度来分级;轿车按照发动机的排量来分级。

（2）按照《汽车和挂车类型的术语和定义》(GB/T 3730.1—2001)的分类方法,汽车分为乘用车和商用车两大类。私人作为代步工具的车辆称为乘用车;公务及商业经营的运输车称为商用车。新的分类标准,会根据国际通用办法,在两大类的前提下,按照排放、载重、车型等多种方法再细分。这样,可以用国际上统一的排放、认证和统计标准来衡量我国汽车的性能,也有利于交通运输部门对汽车进行管理。

①乘用车是指9座以下,以载客为主的车辆,分为普通乘用车、活顶乘用车、高级乘用车、小型乘用车、敞篷车、仓背乘用车、旅行车、多用途乘用车、短头乘用车、越野乘用车和专

用乘用车等11类。

②商用车是指大于9座的客车、载货车、半挂车等。客车细分为小型客车、城市客车、长途客车、旅游客车、铰接客车、无轨客车、越野客车、专用客车。货车细分为普通货车、多用途货车、全挂牵引车、越野货车、专用作业车、专用货车。

2. 车辆识别代码

VIN是车辆识别代码的英文（Vehicle Identification Number）缩写。目前，世界各国汽车公司生产的汽车大部分使用车辆识别代码，我国规定在1999年1月1日以后所有新生产汽车必须使用车辆识别代码。车辆识别代码由一组字母和阿拉伯数字共17位组成，可保证30年内每辆车的识别代号在国际上是唯一的。每位代码代表着汽车某一方面的信息参数。17位识别代码位于车辆前半部分的仪表台上或直接打印在车架、车身等部件上，如图0-1所示。

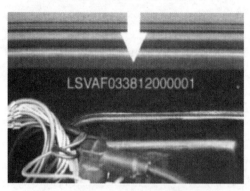

图0-1　车架上的17位识别码

3. 汽车的总体构造

汽车由发动机、底盘、车身和电气设备四大部分组成。

（1）发动机是汽车的动力装置，其功用是将其他形式的能量（热能、电能等）转化为机械能并对外输出动力。

（2）底盘是汽车构造的基础，它承受发动机输出的动力，并保证汽车按驾驶员的操作正常行驶。

（3）车身是提供驾驶员操作以及容纳乘客和货物的场所。车身结构根据汽车的种类、用途而定。大部分现代轿车为整体式的车身结构。

（4）电气设备是汽车上用电设备和供电设备的总称。现代汽车上越来越多地使用各种电子设备和微型计算机等，各种人工智能装置也属于电气设备的范畴。

4. 汽车的主要技术参数

汽车的主要技术参数包括质量参数和车身尺寸参数。

1）质量参数

质量参数包括整车整备质量、最大总质量和最大装备质量。

（1）整车整备质量是指装备有车身、全部电气设备和车辆正常行驶所需要的辅助设备，加足冷却液、燃料、润滑油，带齐备用车轮及随车工具、标准备件及灭火器的完整车辆的质量。

（2）最大总质量是指汽车满载时的总质量。

（3）最大装备质量是指最大总质量与整车整备质量之差。

2）车身尺寸参数

（1）车长L。汽车长是垂直于车辆纵向对称平面并分别抵靠在汽车前、后最外端突出部位的两垂面之间的距离，如图0-2所示。简单来说，就是沿着汽车前进的方向，最前端到最后端的距离。

（2）车宽S。汽车宽是平行于车辆纵向对称平面并分别抵靠车辆两侧固定突出部位的两平面之间的距离,如图0-3所示。简单来说,就是汽车最左端到最右端的距离。宽度主要影响乘坐空间和灵活性。

(3)车高 H。汽车高是车辆支承平面与车辆最高突出部位相抵靠的水平面之间的距离,如图0-3所示。简单来说,就是从地面到汽车最高点的距离。汽车高通常是指汽车在空载,但可运行(加满燃料和冷却液)的情况下的高度。车身高度直接影响车的重心和空间。

(4)轴距 B。轴距是指,汽车呈直线行驶位置时,同侧相邻两轴的车轮落地中心点到车辆纵向对称平面的两条垂直线之间的距离,如图0-2所示。

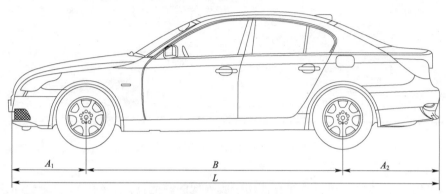

图0-2 车长、轴距、前悬和后悬尺寸

(5)轮距 K。轮距是指,在支承平面上,同轴左右车轮两轨迹中心间的距离,分前轮距 K_1 和后轮距 K_2(轴两端为双轮时,为左右两条双轨迹的中线间的距离),如图0-3所示。轮距越宽,汽车的稳定性越好。

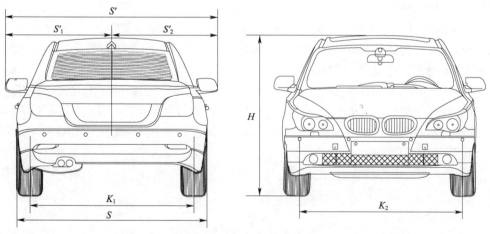

图0-3 车宽、车高和轮距尺寸

(6)前悬 A_1。前悬是指,汽车呈直线行驶位置时,汽车前端刚性固定件的最前点到通过两前轮轴线的垂面间的距离,如图0-2所示。

(7)后悬 A_2。后悬是指,汽车后端刚性固定件的最后点到通过最后车轮轴线的垂面间的距离,如图0-2所示。

(8)最小离地间隙 C。最小离地间隙是指,满载时,车辆支承平面与车辆最低点之间的距离,如图0-4所示。

(9) 接近角 α。接近角是指,汽车空载时,前端突出点向前轮引出的切线与地面的夹角,如图 0-4 所示。

(10) 离去角 β。离去角是指,汽车空载时,后端突出点向后轮引出的切线与地面的夹角,如图 0-4 所示。

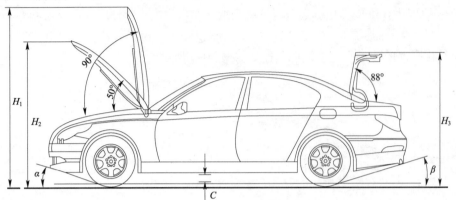

图 0-4　接近角、离去角、最小离地间隙尺寸

5. 汽车的主要技术性能

汽车的主要技术性能是指汽车在使用中所表现的性能,这些主要性能有汽车的动力性、燃油经济性、制动性、操纵稳定性、行驶平顺性、通过性等。

1) 汽车的动力性

汽车是一种高效率的运输工具,而运输效率的高低在很大程度上取决于汽车的动力性。因此,汽车的动力性能是各种汽车技术性能中最基本、最重要的性能之一。汽车的动力性由以下 3 个指标来评价:

(1) 最高车速,是指汽车在最大总质量、风速不大于 3m/s 的条件下,在干燥、清洁、平直的良好路面上所能达到的最高行驶车速的瞬时值。它是汽车动力性能的重要评价指标。目前轿车的最高车速可以到达 200km/h 以上。

(2) 加速时间,通常用原地起步加速时间和超车加速时间来衡量汽车的加速能力。原地起步加速时间是指汽车由第一挡起步,并以最大加速连续换至最高挡后,达到某一预定距离或车速所需的时间。它也是汽车动力性的重要评价指标之一。轿车从 0~100km/h 的换挡加速时间一般不超过 10s。

(3) 最大爬坡度,是指汽车在满载时用最低挡在风速不大于 3m/s 的条件下,在干燥、清洁的路面上等速行驶所能克服的最大道路纵向坡度。

2) 燃油经济性

汽车的燃油经济性常用一定工况下汽车行驶百公里的燃油消耗量或一定燃油量能使汽车行驶的里程来衡量。在我国,汽车燃油经济性指标的单位为 L/100km,即每 100km 汽车消耗的燃油量。燃油经济性与很多因素有关,如行驶速度,当汽车在接近于低速的中等车速行驶时燃油消耗量最低,高速时随车速增加而迅速增加。另外,汽车的维护与调整也会影响汽车的油耗量。

3) 制动性

汽车行驶时,在短距离内停车且维持行驶方向稳定,以及汽车在长坡时维持一定车速的能力称为汽车的制动性。汽车的制动性能指标主要有制动效能、制动效能的恒定性、制动时汽车的方向稳定性、汽车的制动过程。

（1）制动效能,指汽车的制动距离或制动减速度,用汽车在良好路面上以一定初速度制动到停车的制动距离来评价,制动距离越短制动性能越好。

（2）制动效能的恒定性,是指汽车高速行驶下长坡连续制动时,制动器连续制动效能保持的程度,反映的是制动器的抗衰退性能。

（3）制动时汽车的方向稳定性,指汽车制动时不发生跑偏、侧滑以及保证转向能力的性能。目前,主流车型均配置ABS、ESP等,其主要目的就是提高方向稳定性。

（4）汽车的制动过程,主要是指制动机构的作用时间。

4）操控稳定性

汽车的操控稳定性是指驾驶员在不感到紧张、疲劳的情况下,汽车能按照驾驶员通过转向系统给定的方向行驶,而当遇到外界干扰时,汽车所能抵抗干扰而保持稳定行驶的能力。

汽车操控稳定性通常用汽车的稳定转向特性来评价。转向特性有不足转向、过度转向以及中性转向三种状况。有不足转向特性的汽车,在固定转向盘转角的情况下绕圆周加速行驶时,转弯半径会增大;有过度转向特性的汽车在这种条件下转弯半径则会逐渐减小;有中性转向特性的汽车则转弯半径不变。易操控的汽车应当有适当的不足转向特性,以防止汽车出现突然甩尾现象。

5）行驶平顺性

行驶平顺性是保持汽车在行驶过程中,乘员所处的振动环境具有一定舒适度的性能。这与汽车的底盘参数、车身几何参数,以及汽车的动力性以及操控性等有密切关系。

6）通过性

通过性是指车辆通过一定情况道路的能力。通过能力强的汽车,可以轻松翻越坡度较大的坡道,可以放心地驶入一定深度的河流,也可以高速地行驶在崎岖不平的山路上,在城市中也不用为上下路缘石而担心。

二、汽车美容

汽车美容起源于西方发达国家,英文原名为"Car beauty"。它在20世纪90年代传入我国。随着汽车尤其是家用轿车的普及,汽车美容逐渐被人们接受。汽车保有量的不断增加,给汽车美容行业提供了巨大的商机。

1. 汽车美容定义

汽车美容是利用专业美容系列产品和高科技技术设备,采用特殊的工艺和方法,进行的一系列养车技术。汽车美容的最终目的是要使汽车达到"旧车变新、新车保值"。

2. 汽车美容的基本内容

广义汽车美容已不再是一般概念上的给汽车冲洗、打蜡、去渍、除臭、吸尘及车内外的清洁服务等常规汽车保洁美容作业。它应该分为汽车美容维护和汽车装饰两个部分：

1）汽车美容维护

要针对汽车各个部位不同材料,利用专业美容系列产品和高科技设备,采用特殊的工艺和方法,对汽车发动机、底盘、外表涂膜、内饰、轮胎、玻璃等部位进行专业检查和维护。还要

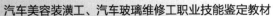

针对发动机、变速器等相关系统进行免拆清洗和维护。按在汽车上部位的不同,美容分为车身外部美容和内部美容;按美容部位的状况不同,美容可以分为常规美容和修复美容。

(1)**车身外部美容**:包括车身清洗、去除沥青、去除焦油、上蜡增艳、镜面处理、新车开蜡、车轮翻新、保险杠翻新、车身涂膜损伤的修复、玻璃划痕和裂纹修复、底盘防腐处理以及变速器免拆清洗维护等项目。

(2)**汽车内部美容**:包括车内美容、发动机美容、行李舱清洁等内容。其中,车内美容包括仪表台、顶棚、地毯、脚垫、座椅、座套、车门衬里的吸尘清洁保护,以及蒸汽杀菌、冷暖风口除臭、车内空气净化、内饰损伤的修复与改色等项目。发动机美容则包括发动机冲洗清洁、翻新处理、三滤清洁、油液更换、免拆清洗维护等项目。

2)**汽车装饰**

汽车装饰是通过对车辆内外的加装和改装操作,达到提高车辆安全性能、舒适性能、使用性能和环保性能等的要求,也满足车主不同的个性追求。无论进行哪种汽车装饰操作,都要在遵守国家相关法规,保证安全的前提下进行。按装饰部位的不同,汽车装饰可分为车外装饰、内部装饰、玻璃装饰、底盘装饰、电子产品装饰等;按装饰作用的不同,可分为提高舒适性的装饰、提高安全性的装饰、改变风格的装饰、提升价值的装饰。

(1)**提高舒适性的装饰**:包括车用香水、把套、坐垫、脚垫、安装静电放电器、音响、玻璃贴膜等。

(2)**提高安全性的装饰**:包括车身防护贴饰、犀牛皮装饰、倒车雷达、防盗器等。

(3)**改变风格的装饰**:包括更换个性内饰、更换车身大包围、加装尾翼、加装扰流板和导流板等。

(4)**提升价值的装饰**:包括加装桃木内饰、更换真皮座椅等。

3. 我国汽车美容状况与前景

(1)**起步较晚,发展很快**。我国的汽车美容业出现较晚,但随着汽车尤其是家用轿车保有量的不断增加,汽车美容业发展很快,正从附属于汽车维修行业的角色,逐渐向独立细分行业发展,汽车美容行业也越来越得到更多人的关注。

(2)**利润空间大,竞争激烈**。在一辆汽车的全部利润中,销售利润占20%,零部件供应利润占20%,服务业利润占60%,其中美容维护在服务业利润中又占了绝大部分的份额。行业的高额利润、操作简单、不规范的管理等特点,大量的洗车店、汽车配件精品店、汽修厂等蜂拥进入汽车美容市场,致使市场竞争日趋激烈。

(3)**管理混乱、技术水平低**。我国的汽车美容市场,劣质用品泛滥,从业人员素质不高,正规美容店与马路边的洗车摊并存,政府缺乏对这个新兴行业的标准化管理。再加上消费者对这一行业缺乏了解,导致汽车美容装潢市场鱼龙混杂、良莠并存,给行业的健康发展带来了极大的隐患。因此,如何使我国的汽车美容装潢业能真正立足并不断发展壮大,已成为每一个业内人士所关注的问题。

(4)随着消费者"爱车、养车意识"的不断提高,越来越多的车主更加重视对车辆的日常维护,不再等到车辆损坏以后到修理厂或4S店进行修理。"七分养,三分修"的汽车维护新理念已为更多的消费者所接受,人们对汽车不仅要求"行得方便",也要求"行得漂亮"。因此,汽车定期美容护理正在成为汽车后市场服务消费的重要内容之一。

第一章　汽车清洗美容

汽车车身工作环境复杂,不但要经受日晒雨淋、石击、冰雪、严寒、炎暑这样多变环境条件的影响,同时行驶中经常接触化学药品、酸、碱、盐等腐蚀性的物质,更容易使车身表面被碰撞划伤、材料老化,甚至被腐蚀。再加上不正确的维护方法,更降低了汽车车身的使用寿命。一辆外表脏污的汽车,不仅破坏汽车的美感、影响观者的心情,而且也直接影响着乘客的乘坐舒适性和健康。所以汽车车身要定期进行专业的清洗和维护,保持车辆外观的靓丽,延长车辆的使用寿命,提高驾驶安全性。

第一节　汽车车身清洗美容

知识要求

1. 汽车结构与覆盖件知识(初级要求)。
2. 汽车外部清洗安全防护知识(初级要求)。
3. 常用汽车外部清洗材料使用要求及标准(初级要求)。
4. 车辆外部清洗设备(电动高压清洗机/泡沫发生机器)操作规范及安全检查要求(初级要求)。
5. 常用清洗工具的功能与合理选择(初级要求)。
6. 全自动洗车类型和工作过程(初级要求)。
7. 外部清洗的操作流程(初级要求)。

技能要求

1. 能识别、选用、调配外部清洁剂(初级要求)。
2. 能使用和维护清洗设备(初级要求)。
3. 能按规范进行车辆外表清洗(初级要求)。

汽车车身清洗听起来很简单,甚至有些人认为不就是洗车吗!"一桶水,一把刷子,一条毛巾"就完全可以搞定了,实际上这种想法是错误的。车身漆面就像人身体的皮肤一样,光用水冲一下是远远不够的,要想保持它各方面的性能,就必须进行专业的清洗和维护。

一、汽车车身类型、结构

1. 车身类型

(1)按用途不同分类。汽车车身按用途不同可分为轿车车身、客车车身和货车车身。轿

图 1-1 轿车车身

车车身如图 1-1 所示，分为四门车身、双门车身、双座车身、活顶车身、客货两用车身等多种。根据顶盖的结构又可分为移动式顶盖、折叠式顶盖、可拆式顶盖等。轿车按照车身尺寸可分为紧凑型轿车，又称为经济型轿车，车身属于最小级别；中高级轿车，具有中等的质量和外形尺寸；豪华轿车，是轿车中车身尺寸最大的。

客车车身如图 1-2 所示，分为城市公共汽车车身、长途客车车身、旅游客车车身等。

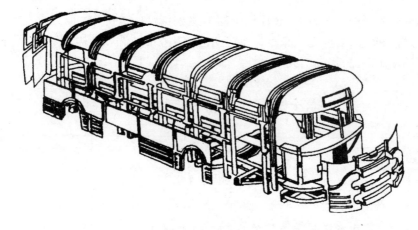

图 1-2 客车车身

货车车身如图 1-3 所示，通常包括驾驶室和货箱两部分。而货箱往往可以分为传统式货箱、封闭式货箱、自卸式货箱、专用车货箱以及特种车货箱等多种。

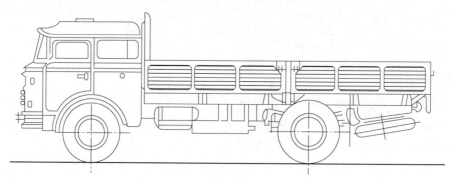

图 1-3 货车车身

(2) 按受力情况不同分类。汽车车身按受力情况不同可分为非承载式车身、半承载式车身和承载式车身。货车、客车和越野车多采用非承载式车身，现代轿车则大多采用承载式车身，半承载式车身的应用很少。

非承载式车身具有完整的骨架（或构架），车身蒙皮固定在已装配好的骨架上。车身通过弹性元件与车架相连，车身不承受汽车载荷，因此也叫车架式车身，如图 1-4 所示。

半承载式车身只有部分骨架(如单独的立柱、拱形梁、加固件等),它们彼此直接相连或者借蒙皮板相连。车身与车架系刚性连接,车身承受汽车的一部分载荷,也称为半架式车身。

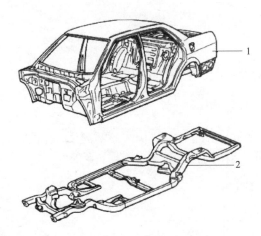

图1-4 非承载式车身
1-车身;2-车架

承载式车身是利用各种蒙皮板连接时所形成的加强筋来代替骨架。全部载荷均由车身承受,底盘各部件可以直接与车身相连,所以就取消了车架,故也称为整体式车身,如图1-5所示。承载式车身具有更小的质量、更大的刚度和更低的高度。

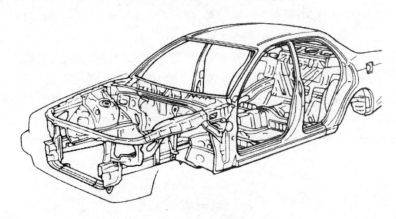

图1-5 承载式车身

(3)按被分隔的空间单元数量不同分类。按被分隔的空间单元数量,车身分为三厢车、两厢车和单厢车。

单厢车身是指整个车身只有一个单元空间,比如客车只有乘客车厢,就是单厢车身,如图1-6所示。

两厢车身是指整个车身有两个单元空间,比如旅行轿车、越野车等。这种车身结构中有独立的发动机舱和乘客室,如图1-7所示。

三厢车身是指整个车身有三个单元空间,绝大多数的轿车是三厢车身的,它们有独立的发动机舱、乘客室和行李舱,如图1-8所示。

图1-6 单厢车身

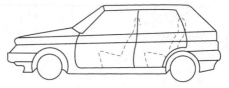

图1-7 两厢车身

2. 车身结构

现代轿车基本上采用整体式车身结构,车身结构可分成若干个称为组件的小单元,它们本身又可分成更小的单元,称作部件或零件。车身组件按功能不同可分为结构件和覆盖件两大类。

(1)整体式车身结构件。结构件主要用来承载重量、吸收或传递车身受到的外力或内力,所用材料以钢板为主,使用的钢板较厚,多为车身上的梁、柱等零件,如前纵梁、地板梁、车顶梁等,如图1-9所示。

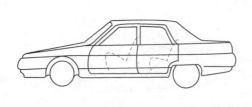

图1-8 三厢车身

图1-9 车身结构件

前车身结构件由前纵梁、前横梁、前围板、减振器支撑、水箱支架、前罩板等构成。中部车身结构件包括中部地板、支柱、车顶纵梁和车顶横梁等。

支柱是汽车车身上用以支撑车顶板的梁,并为打开车门提供方便,它们必须非常坚固,以便在发生严重碰撞或翻车事故时保护乘客的安全,如图1-10所示。前柱向上延伸到风窗末端的部分叫A支柱;中柱是车顶的支承件,在四门汽车上位于前门和后门之间,也叫B支柱;从后侧围板向上延伸用以支承车顶的后部和后窗玻璃,也叫C支柱。它们的形状随车身的形式不同而变化。

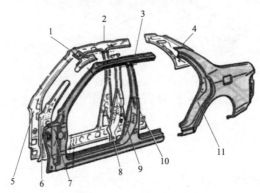

图1-10 中部车身立柱结构

1-前柱上加强梁;2-车顶纵梁内板;3-车顶纵梁外板;4-车顶板内板;5-前柱内板;6-前柱加强梁;7-前柱外板;8-中柱内板;9-中柱加强梁;10-中柱外板;11-后柱外板

(2)整体式车身覆盖件。覆盖件是指覆盖在车身表面的组件,单个组件的面积较大,所用材料较多,使用的钢板较薄,多为车身外部的蒙皮、罩板等,如发动机舱盖、保险杠蒙皮、风窗玻璃等,如图1-11所示。

前部车身覆盖件有发动机舱盖、前翼子板、保险杠总成等,是用螺栓、螺母和铰链固定,其他的部件都焊接在一起,以减小车身质量,增加车身强度。中部车身覆盖件包括车顶、车门、车窗玻璃以及相关部分。后部车身的覆盖件由行李舱盖、后保险杠以及相关部件组成。后部车身覆盖件常常需要从汽车上拆下来,以便修理尾部的碰撞损伤。

图1-11 车身覆盖件

二、车身清洗设备与用品

1. 个人安全与防护

个人防护用品指为防止一种或多种有害因素对自身的直接危害所穿用或佩戴的器具的总称。劳动防护用品的正确使用,可以保证员工避免生产过程中的直接危害,对员工的身体健康及生命安全都起着重要的作用。要根据工作性质的不同,合理佩戴劳动保护用品。

(1)棉布工作服。用天然植物纤维织物制作,具有隔热、耐磨、扯断强度大、透气的特点。

(2)工作帽。用于保护劳动者头部,防止劳动者头发过长或散落,对操作施工产生影响。

(3)防护眼镜。用来保护眼部,防止飞屑、尘粒、化学物质等伤害眼部。防护眼镜的质量一定要好,否则眼镜受到冲击损坏后,会对眼睛造成更为严重的二次伤害。

(4)防护口罩。防止将烟雾、化学物质、有毒气体吸入肺部。有防尘口罩和防毒面具之分。烟尘严重的环境中应佩戴防尘口罩,溶剂挥发的环境中应佩戴防毒面具。

(5)手套。防止手部伤害,有皮手套、线手套、防水手套、耐溶剂手套等。

(6)安全鞋。保护脚部,安全鞋的性能包括防滑、绝缘、防砸、耐溶剂、防水、抗高压等。

汽车美容行业经常接触各种清洗液和溶剂等液体,基本的防护用品一定要准备齐全,防水鞋、防水手套等就是必不可少的。同时,还要有规范的工作服,并要求工作服上不能有尖锐的饰物,防止刮坏车身涂层。进行底盘装甲操作时会有胶粒喷出,所以要佩戴眼镜和防护口罩等。

2. 车身清洗液

好的清洗液呈中性,含阴离子表面活性剂,能同时达到去除车身静电、油污和涂膜维护的多重目的,一般民用洗涤剂是无法替代的。使用方法可参照说明书,绝大多数的洗车液要求与水按一定的比例混合使用,根据车身污垢程度的不同随时调整混合比例,如图1-12所示。

图1-12 洗车液

1)清洗液的除渍原理

清洗液除渍是一个比较复杂的过程,一般认为水基清洗液主要通过"润湿—吸附—悬浮—脱(冲)落"等不断循环的过程来除去物体表面污渍。

(1)润湿作用。当清洗液与表面上的污渍接触后,使表面污渍及其空隙被清洗液湿润,产生充分接触,造成污渍与被清洗表面结合力的减弱,使污渍松动。

(2)吸附作用。清洗液中的电解质形成的无机离子吸附在物体表面污渍的质点上,改变对污渍质点的静电吸引力。清洗汽车外表面时,既产生物理吸附作用(分子间相互吸引),又有化学吸引作用(类似化学键的相互吸引)。

(3)悬浮作用。污渍经过清洗液的润湿、吸附作用,使物体表面上的污渍质点脱落,悬浮于水基清洗液中。

(4)脱(冲)落作用。水基清洗液通过流动,再将已悬浮于物体表面的污渍冲离该物体。

2)清洗液的主要成分

汽车表面清洗液的主要成分有如下几类:

(1)表面活性物质,也称表面活性剂或界面活性剂,是一类能显著降低液体表面张力的物质,常用的表面活性物质有油酸、三乙醇胺、醇类、合成洗涤剂等。

(2)碱性电解质。即在水溶液中能电离出金属离子的化合物,在汽车清洗中常见的是弱碱性的水溶液,主要有碳酸钠、水玻璃、磷酸盐等。

(3)溶剂。作为清洗工作介质的主体,它能溶解表面活性剂等添加剂,能共同对污渍起化学反应,从而达到清除污渍的目的。主要有:油基溶剂类,如煤油、松节油、溶剂汽油等;水基溶剂类,主要是水,它应用得最多。

(4)摩擦剂。用以增加与清洗物体表面的接触和摩擦的物质,如硅藻土等。

3.清洗工具和设备

1)手工清洗工具

手工清洗工具包括喷水壶、刷子、毛手套等。

(1)喷水壶。盛放调配好的洗车液,适用于遗漏部位,以及车轮和保险杠等难清洗部位。

(2)刷子。用于车身橡胶饰条,以及车轮和保险杠等难清洗部位。

(3)毛手套。喷涂清洗液后擦拭车身,便于油污去除,不伤涂膜,如图1-13所示。

2)手工擦拭工具

手工擦拭工具包括刮水板、麂皮、毛巾、甩干桶等。

图1-13 毛手套

(1)刮水板。去除车身水分,方便快捷,不损伤涂膜,如图1-14所示。

(2)麂皮。用于玻璃的精细擦拭,吸水性强,如图1-15所示。

(3)毛巾。用于车身擦拭,吸水性好,不掉纤维,不伤涂膜,如图1-16所示。

(4)甩干桶。快速甩干麂皮、毛巾和清洗后的脚垫等。

3）清洗机

移动式清洗机主要由电动机、水泵、管路、喷枪等组成。电动机通过弹性联轴器或传动带直接驱动柱塞泵。水泵由壳体、曲轴、柱塞以及进出水口、压力表等组成。水泵出水口经胶管与喷枪相连，喷枪由枪体、手柄、扳机及喷嘴等组成。喷嘴有一般喷嘴和喷水枪两种。通过喷枪的尾部可以调节出口水流的形状，常用的为柱状和雾状两种。喷嘴有扇形和强力圆形。柱状水流或圆形喷嘴，水流冲击力强，可以除去汽车轮胎及底盘上的干涸泥土。雾状或扇形喷嘴，水流覆盖面积大，除污效率高，适于去除车身上的一般污渍。

图1-14　洗车刮水板

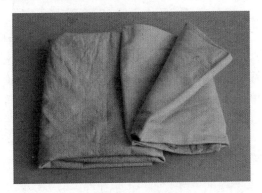

图1-15　麂皮

4）泡沫机

泡沫机是利用机体内高压空气（一般通过外界注入），将其中的清洗液经过连接的管道压出，并喷射于待清洗物体的表面。泡沫机的结构比较简单，一般由压力罐及一组阀门组成，如图1-17所示。

图1-16　毛巾

图1-17　泡沫机

4. 车身清洗的注意事项

（1）水质。在汽车清洗作业中水源的质量往往容易被忽视，用质地较差的水清洗车身表面，不但不能起到清洁的作用，相反还会对涂膜造成损害。洗车作业用水要求清洁无污垢，严禁使用未经过滤或受污染的水源，以免影响清洗效果，或对汽车外表产生损伤。在通常情况下，只要自来水或循环水符合标准就可以使用。

根据可持续发展战略的要求，为了节约城市用水，在用水清洗车辆时必须配置循环水设备，但使用循环水设备之后水的质量将直接关系到汽车的清洗质量。因此，为了真正能使洗车污水经处理后达到可再循环使用的程度,关键要解决处理后的水质标准问题。首先,对于汽车清洗,尤其是采用高压水清洗汽车时,对车身危害最大的是水中的固体悬浮物。水中固体悬浮物在高压力的夹带下,会对汽车涂膜造成一定的损伤。其次,水中的矿物油如果含量过多,也将在汽车上形成污垢。再次,为了防止对车体的腐蚀,水源的pH值应保持在6~8。最后,从保护人体健康的角度出发,水中细菌的总数也应当控制在一定的范围之内。另外,就是色度、臭味这些水感指标,也要求达到相关标准要求。为此,在国家标准《城市污水再生利用 城市杂用水水质》(GB/T 18920—2002)中对洗车用水的水质标准做了详细规定。应当说,经处理后的污水只要符合国家标准,就完全能放心地用于清洗车辆。

(2)洗车液。严格来说,使用的清洗用品应为中性,也就是pH值为7,或者稍偏碱性。因为中性的洗车液不但能保护车身涂膜,还不会损伤从业人员的皮肤,同时车身污垢大部分都有酸性,所以洗车液可以稍显碱性。目前,有些从业人员仍在使用洗衣粉等生活用或工业用的洗涤剂洗车。轻者会使涂膜失去原有光泽,重者涂膜被严重腐蚀,局部产生变色、干裂,还会加速局部涂膜脱落部位的金属腐蚀。

(3)擦洗用品。擦洗时,应根据擦洗部位的不同选用不同的擦洗材料,当清洁车身涂膜时,应该使用干净柔软的毛巾或麂皮,切不可使用硬质的清洁工具,以免在涂膜上留下擦伤痕迹。擦洗车身下部和轮胎等部位的工具及水桶要专桶专用。各个不同部位的擦洗用品不得混用。许多人洗车时喜欢用一些旧毛巾或劣质毛巾,殊不知旧毛巾和劣质毛巾上的纤维容易脱落,有的劣质毛巾由于过薄,针织密度很小,也容易损伤涂膜。此外,这些毛巾晒干后会变得很硬,用来擦车也会造成涂膜划痕。

(4)工作环境。不要在阳光照射下洗车。有些不规范的洗车店由于场地的限制,到了夏季就直接在烈日下洗车,而且根本不等发动机冷却。在这一状况下进行汽车清洗作业时,车身上的水分会很快被蒸发,此时,车身上原来的水滴会留下许多斑点,影响清洗效果。由于夏季环境温度本身很高,再加上汽车在行驶后发动机温度更高,此时直接洗车会使汽车发动机提前老化。此外,在烈日下洗车,还会产生透镜效应。所谓透镜效应是指当车表涂膜上存有小水滴时,由于水滴呈扁平凸透镜状,在阳光的照射下,这些小小的水滴对日光有聚焦作用,焦点处的温度会高达800~1000℃,从而导致涂膜被灼蚀,出现肉眼所看不见的小孔洞,这些小孔洞有的还会深达金属基材。当涂膜由于透镜效应被灼伤,或灼伤的范围较大时,一些分布密度较高的涂膜就会出现严重的失光。所以,夏季的洗车打蜡一定要在有遮蔽的环境下进行。

此外,进入冬季后,不要在寒冷的环境中洗车,以防水滴在车身上结冰,造成涂膜破裂。北方严寒季节洗车应在室内进行,车辆进入工位后,先停留5~10min,然后冲洗。

(5)洗车的时机。如果天气一直晴好,车身没有特殊的脏污,大约1周做1次全车清洗工作即可。连续雨雪天时,用湿布或湿毛巾擦拭全车所有的玻璃即可,等到天气放晴之后,进行全车清洗。

三、车身清洗操作

1. 车身表面检查

(1)检查车身损伤,如图1-18所示。在进行汽车美容操作前一定要做好检查记录工作。

尤其是当客户要给车辆进行涂膜、内饰、玻璃等部位的美容装饰时,发生的费用会比较高,为了避免与客户之间产生不必要的误会,做好记录就显得非常重要了。同时,还可以保留客户记录,便于以后的联系和沟通,提高自身的规范程度。

(2)仔细检查车门、车窗等部位是否关严,如图 1-19 所示。车门、车窗、行李舱盖等部位是否关严一定要仔细检查,否则洗车时高压水流会通过未关严的缝隙冲进驾驶室内,有可能会造成严重的后果(真皮座椅、电子元件等被损坏)。因此,在清洗车辆前须及时关好车门、车窗等。

图 1-18　仔细检查做好记录

图 1-19　车窗没有关严

2. 相关设备的准备与调整

1)泡沫机的加液与调整

(1)按比例加水和清洗液,如图 1-20 所示。观察混合液的加入量。

(2)调整气压,如图 1-21 所示。打开空气阀,将泡沫机的进气压力调整到 2～4kPa,在此段压力范围内泡沫喷出的效果最好。压力过低吹不出泡沫,压力过高会把泡沫吹得到处都是,造成浪费。

图 1-20　加清洗液

图 1-21　调整气压

2)高压水枪水流的调整

(1)洗车水压的要求。接通水源和电源后,打开洗车机,调整高压水枪的水流形状,使水压达到要求。洗车时的水压没有绝对的数值要求,只要能把污物冲掉同时不损坏涂膜和其他车身零件就可以了。一般来说,车身预冲洗时水压要高一些,二次冲洗时水压要适当调小。高档汽车的涂膜和车身零件质量要好于低档的汽车,冲洗时可以适当调高水压;当洗微型汽车等低档车辆时,尽量调低水压,否则很容易会把涂膜冲掉。

(2)水压的调整。现在市场上大部分高压水枪水压的调整都要人为来进行,调整方法有两种:一种是通过改变枪嘴与被喷淋物之间的距离,距离近压力高,距离远压力低;另一种是通过改变水流的形状来调整,扇形大压力小,扇形小压力大。具体使用哪种方法,应根据实际情况灵活调整。

(3)水流形状的调整。柱状水流,水压高,冲力强,适合缝隙、污泥堆积严重的地方,如图1-22所示。大扇面水流,冲洗面积大,水压低,适合外表淋湿和二次冲洗,如图1-23所示。

图1-22 柱状水流

图1-23 扇面状水流

3. 车身预冲洗

车身预冲洗时一定要把水压适当调高,通过改变水枪与车身的距离来调整水压,初次冲洗时水枪的距离在0.5m左右,水流扇面形状以15°~20°为宜,缝隙和拐角等处用柱状水流。因为脏污的车身上会有大量的尘土和沙粒,通过各种方式牢固地黏附在车身上,水压小的话很难把它们冲洗掉,并给下一道工序埋下隐患。但是水压也不要调得太高,否则会损伤涂膜和其他零件。

(1)冲洗的顺序一定要遵循由上到下、从前到后的原则,从车顶到底盘,从发动机舱到行李舱盖要仔细冲洗,不要放过任何一个缝隙和拐角等容易积存沙土的地方。车身通体均用高压水枪打湿,涂膜无大颗粒泥沙或污物后,才能确保下一步骤的顺利进行,如图1-24所示。

(2)车轮上方的车身隐蔽处,由于车轮滚动甩上来大量的泥沙和污物。一定要清洗干净,如图1-25所示。

图1-24 从车顶开始冲洗

图1-25 车身隐蔽处要仔细清洗

4. 喷洒泡沫并擦匀

（1）喷涂的泡沫要均匀、适量，喷洒泡沫的顺序也是按从上到下进行。喷完车身清洗剂以后，带上浸泡过的干净毛手套，轻轻将车身擦拭一遍，以便彻底去除顽固的污渍。用毛手套擦拭的部位是车身上涂膜的表面和汽车玻璃表面，如图1-26所示。

（2）对于轮胎和门槛下缘等车体下部部位，一定要用专用的海绵或刷子单独清理。防止工具混用对车漆和玻璃造成意外损伤，如图1-27所示。

图1-26　擦拭

图1-27　清理轮胎和轮辋

5. 二次冲洗

二次冲洗的目的是要把清洗剂泡沫和污水完全冲掉。所以这时冲洗的水压不宜过高，水流扇面以30°～45°为宜，水枪距离仍然保持在0.5m左右。依然按从上到下、从前到后的顺序进行。当车身上的水自然流下时，呈现帘幕状、没有油珠的感觉，说明车身已经清洗干净了。

6. 擦干

（1）车身清洗用的刮水板是经过专业设计的，它就像风窗玻璃刮水器一样，能适应车身的不同流线，并且与车身表面的接触非常严密。刮水操作快捷彻底，省时省力，如图1-28所示。

（2）用麂皮精细擦拭。一定要仔细、彻底，不要忽略车门、行李舱盖内边缘和门框等部位，如图1-29所示。

图1-28　刮水

图1-29　边角位置不要遗漏

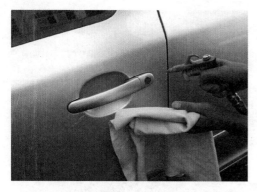

图1-30 吹干钥匙孔

(3) 对于钥匙孔、门缝、车窗密封条、倒车镜壳、油箱盖等部位用压缩空气辅助吹干,尤其是钥匙孔里的水分更要吹干净,如图1-30所示。在北方的冬季,经常会发生洗车后车锁被冻住而无法转动钥匙孔的事情,有时还会因为油箱盖打不开而无法加油。

四、全自动洗车

1. 全自动清洗机的类型

(1) 按洗车时被清洗的车辆是否与水以外的助洗介质(如滚刷等)直接接触,全自动洗车可分为接触式与无接触式。

无接触式是洗车机通过特殊的喷嘴将高压水以不断变化的切线形式(俗称水刀)沿一定方向对待清洗的车身做喷射运动,从而达到车辆清洗的目的;而接触式是以海绵、尼龙和羽状布等材料制成的滚刷,通过各种形式的旋转并在水(或清洗液)的作用下,对汽车的外表进行清洗。

(2) 按清洗时车辆是否移动,全自动洗车可分为隧道式与龙门式(又称为往复式)。

隧道式清洗机工作时,滚刷被固定在原地做旋转运动,而待洗汽车由设备牵引,沿着固定的轨道缓慢地做纵向移动,如图1-31所示。而龙门式清洗机工作时,待洗汽车不动,洗车设备带动旋转的滚刷沿着被清洗汽车的车身缓慢地做纵向移动,从而达到清洗车辆的目的。

图1-31 隧道式全自动洗车机

2. 拨水剂

拨水剂在国内俗称为光亮蜡。其功能是将水从车辆表面剥离开来。要想实现这个目标,就要赋予车辆表面以不沾水的特性。使用拨水剂后,水开始在车表面聚成水珠、水团,在重力的作用下会从车表面剥离开来。在这种情况下,鼓风机很容易把水珠、积水团从车表面吹掉,这种方式对车顶棚平面上的积水很有效。要想充分发挥拨水剂的最大功效,车辆的清洁是非常重要的。如果车辆较脏,效果会大打折扣,会使车表面看起来不平滑,缺乏光泽。首先把拨水剂用水来稀释,一般的比例为1:10~1:40。自动洗车机会自动把稀释的拨水剂水溶液喷淋到已经清洗干净的车辆上。要想获得较好的拨水效果,必须根据实际情况,灵活地调整稀释比例和喷液压力,太高的压力会导致液体大量喷洒到车体外,造成浪费。

当清洗完毕,车驶出洗车房时,车身还会残留少量水渍。水的残留量与车漆的质量、车体形状、拨水剂的质量都有关系,除了考虑这些因素,洗车用水的品质也很重要。另外,使用浓度过大的拨水剂也会在车体上出现残留物。在实际操作中,通常增加一道工序,即在车辆清洗完毕,驶出洗车房后,专业人员用干净的软布,抹去残留的水渍。

第二节　汽车内部清洁与维护

知识要求

1. 汽车内装饰件的材质要求和特性（初级要求）。
2. 常用汽车内部清洗材料使用要求及标准（初级要求）。
3. 皮革的基本知识和维护（初级要求）。
4. 车内污染的形成与分类（初级要求）。
5. 杀菌消毒原理和注意事项（初级要求）。
6. 汽车内饰清洁维护材料的种类、特性及使用要求（初级要求）。
7. 清洁设备的操作规范、维护及安全事项（初级要求）。
8. 汽车内饰清洁维护的施工方法及注意事项（初级要求）。
9. 车内异味去除的主要施工方法及注意事项（初级要求）。

技能要求

1. 能识别、选用、调配内饰清洁剂初级（初级要求）。
2. 能对仪表台、内饰塑胶件进行清洁维护（初级要求）。
3. 能对地毯、顶棚等布质内饰进行清洁维护（初级要求）。
4. 能对真皮座椅进行清洁维护（初级要求）。
5. 能对车内进行杀菌除味（初级要求）。

汽车内饰材料绝大部分采用的是化工制品，平时狭小的车内空间就会被这些化工材料挥发的化学成分所充斥，更可怕的是高温下甲醛、苯等有毒挥发气体的浓度将比常温条件下迅速增加几十倍。中国装饰协会室内空气监测中心曾对200辆汽车进行随机抽检，发现有90%以上的汽车都存在车内空气甲醛或苯含量超标的问题，大部分车辆甲醛超标都在五六倍以上，其中新车内室的空气质量最差。许多人刚一坐进汽车，就会觉得车内有股怪味，要是车内开着空调、门窗紧闭，时间久了甚至会使人感到头晕、恶心，如图1-32所示。

图1-32　驾驶室污染

一、车辆内饰件的材质

化纤、皮革、塑料及橡胶制品等汽车内部饰件，在使用过程中会受到各种不同程度的损伤。主要表现在塑料件和橡胶制品在风吹日晒的情况下因氧化龟裂而失去光泽；皮革件易出现老化、磨损、褪色；纤维制品易受到尘埃脏物污染及氧化褪色而影响汽车的舒适和美观，乃至缩短其使用寿命。内饰件的磨损和老化，不但影响汽车内室的整体美观，还会给行车安全带来隐患。

1. 汽车内饰材质使用要求

(1) 内饰件材料的选用原则。材料在选用时,除了要求具有良好的装饰性能外,还应重点考虑材料的其他一些性能。例如,要求所选材料应有足够的抗撕裂强度,耐磨性能良好;另外,还须有一定的透气性和吸湿性;要有较强的抗腐蚀性和阻燃性,色泽耐久并易于清洁;在使用过程中,还应具有防止积带电荷的特性,以防止静电的产生等。此外,随着人们健康意识的日益加强,选用材料的环保性也已成为衡量汽车内部构件质量的一项重要指标。

(2) 内饰材质的发展方向。以前,内饰件多用金属、木材和纤维纺织品等材料,外观和质感都不甚理想,而且随着人们环境保护意识的日益增强,寻找一些可以回收利用、材质安全性能高、加工方便的材料来代替传统的材料,已经成为各国汽车制造业研究与开发的内容。目前,许多轿车的内饰件已经逐步使用 PP(聚丙烯)材料,这是一种工程热塑材料,它囊括了韧性好、强度大、隔热好、质地轻、耐腐蚀、富有弹性、手感好、成本低等一系列优点,更重要的是 PP 材料是一种可以循环回收再用的塑料,对环境保护大有裨益,因此受到人们的欢迎。

为了使轿车车厢更加舒适和美观,车厢内的装饰材料有越来越高级的倾向。例如,坐垫面料,中高级轿车大都采用手感柔和、色调高雅的皮革、呢绒、丝绸等天然材料作为坐垫面料。此外,也有采用其手感与天然材料相似的细合成纤维丝无纺布作为面料。普通轿车多数采用化纤纺织品,一些高级轿车车厢的装饰板还用贵重的胡桃木、花梨木等材料做成,嵌在仪表板总成和车门内板上。

2. 汽车内饰材质的种类

1) 皮革材料

目前,市场上流行的皮革制品有真皮和人造皮革两大类,而合成革和人造革是由纺织布底基或无纺布作为底基,分别用聚氨酯涂覆并采用特殊发泡处理制成,有的表面手感酷似真皮,但透气性、耐磨性、耐寒性都不如真皮。

(1) 皮革的类型。按皮革的层次分,有头层皮和二层皮,其中头层革有粒面皮革、修面皮革、压花皮革、特殊效应皮革。最外层的为头层皮,质量最好,次之的为二层皮,其强度、弹性和透气性都不如头层皮。汽车座套必须选用头层皮。现在市面上出售的一种复合皮是在二层皮的表面附上一层胶膜,表面精致,看上去很像头层皮。

(2) 真假皮革制品的辨别方法。由于汽车专用皮革,须经抗紫外线、耐热、耐光、耐磨等处理,成本较高,所以一些不法厂商则会以其他价格低廉的皮革充数。下面介绍几种专业的皮革真假、优劣鉴别方法:

①商标法。正厂皮革,均有清楚的来源,登载生产地、皮革厂标、皮革测试表、皮革使用授权书等基本资料。并且背面均会标示制造日期、皮厂名称、面积等。

②观看法。天然的革面有自己特殊的天然花纹,革面光泽自然,以刀片横切皮革,可见皮革由外表层至内里层颜色均须一致(外表黑,内里深灰,则属正常现象),纤维清晰可见且细密。而仿革制品的切口无天然革纤维感,或可见底部的纤维及树脂,或从切口处看出底布与树脂胶合的两个层次。天然革的反面有明显的纤维束,呈毛绒状且均匀。而仿革制品里外面光泽都好,也很平滑,有的人造革里面能见到明显的底布。

③嗅觉法。良好的皮革,在处理后不应该有刺鼻味道,而劣质皮革会有严重的溶剂味及涂料味。

④耐热法。取小块的皮材,用烟头触烫样品2~3s,良好的皮革耐热性能好,不会马上收缩变形。

⑤擦拭法。用去渍液擦拭皮革表层,注意有无褪色现象,以避免买到改色皮革制品。

⑥拉伸法。用两只手拿起皮子的对角,然后稍用力向两边拉。好的皮革拉起来变形不大,牢靠度较好、富有弹性。若延展性较大,则说明是人造革。当拉开后,若皮面出现缝痕或露出浅白底色,则说明皮子的弹性及染色工艺不过关,质量较差。同时,质量好的头层皮摸起来手感好、柔软、舒适、滑爽而且富有弹性。用手按、捏革面无死皱或死褶,也无裂痕。

(3) 皮革材料在使用过程中常会出现如下问题:

①松面。将皮革制品向内弯曲90°,粒面上如出现较大的皱折且展平后不易消失时,即为业内人士所称的皮革制品管皱,管皱是最严重的松面现象。

②裂浆、掉浆、露底。一手将革面按住,一手拉开基面,用小刀或钥匙柄从里向外顶革面,并来回划动,若粒面上出现裂纹,即为裂浆;而仅呈现底色称为露底;涂层从革面上脱落则称为掉浆。造成裂浆、露底、掉浆的主要原因是:涂层的延伸性同皮革的延伸性不一致、涂层材料使用不当、涂面配方不合理或涂层过厚等。

③掉色,指涂层经干擦或湿擦后产生掉色现象。产生的主要原因有:涂饰剂中含有的颜料过多或颜料颗粒较粗、涂饰剂中有酸性粒子元、染料量过大。涂层耐干擦而不耐湿擦,主要原因是涂层防水性能不佳。

④油霜、盐霜。在革面上形成的粉状油脂渗出物叫作油霜。尤其在天气较冷的情况下,更容易形成油霜,且擦去后不久仍将出现。这是由于原料皮本身含有的高熔点硬脂酸等脂类物质没有除净,或加脂剂中含有较多的该种物质。在皮革的干燥或放置过程中有时会在粒面上出现一层灰色霜状物,叫作盐霜,这是由于皮革在中和后未经充分水洗,皮革中大量的可溶性盐渗出所致。鉴别油霜与盐霜的方法是:取一只热熨斗熨烫一下,油霜可被皮革吸收而盐霜则不能。

⑤革面发黏。用手触摸革面时有黏手的感觉,或将革面相对叠在一起,在分开时发出黏结声。出现这种情况主要是软性树脂用量过大造成的,涂层发黏的皮革较易吸附灰尘。

⑥僵硬无弹性。皮革变硬的原因,一是由于使用时间太长,皮革内油脂渗出太多或皮革自然老化;二是水浸或洗涤不当,晾干后变硬;三是上光打蜡或上浆上色选用的材料不当或涂层太厚;四是粒面吸收力太强或粒面磨损,以前翻新时吸收浆料太多。

此外,在使用过程中还会造成脏污、损伤等,尤其当皮革粒面层磨伤后,各种污物就会渗入到皮革之内,并且难以除去。而划伤、撕伤、崩裂等损伤,都是皮革面使用过程中常见的缺陷。

2) 橡塑材料

橡塑是橡胶和塑料的统称,它们最本质的区别在于塑料发生的是塑性变形,而橡胶是弹性变形。换句话说,塑料变形后不容易恢复原状态,而橡胶相对来说就容易得多。塑料的弹性是很小的,通常小于100%,而橡胶可以达到1000%甚至更多。

汽车内饰件大量使用橡塑材料,采用PP材料制造仪表板总成外壳已成主流。随着科技不断进步,化工生产企业开发出的聚酰胺工程塑料,具有高刚性、优异的耐热和抗老化性能,适用于制作结构复杂、薄壁的零部件。目前,已经用于车身、结构件和发动机舱盖下面的零部件。工程塑料可以使汽车的重量减轻 10% 左右,能节省燃油消耗 5%,同时降低了二氧化碳的排放。以塑代钢,减轻车身重量,实现节能环保,塑料在汽车工业发展中起到的作用越来越大。

(1)橡胶可分为天然橡胶及合成橡胶两大类。橡胶成品在所处的环境条件中,随时间的推移而引起龟裂或硬化、橡胶物性退化等现象,称为老化现象。引起老化的原因,有外部因素及内部因素。外部因素有氧、氧化物、臭氧、热、光、放射线、机械性疲劳、加工过程的缺失等。内部因素有橡胶的种类、成型方式、键结程度、加工过程中的因素等。

(2)根据各种塑料不同的理化特性,可以把塑料分为热固性塑料和热塑料性塑料两种类型,前者无法重新塑造使用,后者可重复生产。大多数塑料重量轻、化学性稳定,不会锈蚀,耐冲击性好,具有较好的透明性和耐磨耗性;绝缘性好,导热性低,一般成型性、着色性好,加工成本低;大部分塑料耐热性差,热膨胀率大,易燃烧,尺寸稳定性差,容易变形;多数塑料耐低温性差,低温下变脆,容易老化,某些塑料易溶于溶剂。

3)纤维材料

纤维材料有天然纤维材料和化学纤维两种。

(1)天然纤维材料是指由棉、麻、毛为原料加工制成的成品材料,天然纤维材料的特性是安全环保、舒适性高,但是容易脏污,维护比较麻烦。

(2)化学纤维材料是用天然的或人工合成的高分子物质为原料,经过化学或物理方法加工而制得的制品的统称。因所用高分子化合物来源不同,可分为人造纤维和合成纤维。在汽车内饰中纤维材料也大量使用,比如顶棚、地板、座椅等等,都是使用纤维材料较多的地方。

4)合金材料

在汽车上的装饰部件上使用的合金,绝大多数都是镀到塑料基材上去的,比如流行的镀铬件,如图 1-33 所示。主要是为了增加抗磨性、美观性和满足车主不同口味等的要求。

5)木质材料

桃木内饰板的准确称呼是核桃木内饰,当然也有选择用樱桃木、胡桃木、花梨木、鸟眼枫木和橡木作为内饰的,镶嵌在仪表板、中控板(副仪表板)、变速器操纵杆头、门扶手、转向盘等地方。桃木材料具有美观、高雅、豪华等特点,其独有的花纹图案可获得特殊的装饰效果。因此,一些高中档轿车用胡桃木作为内饰材料,配上真皮面料座椅、丝绒内饰面料等,尽显优雅与华贵的气质,如图 1-34 所示。

图 1-33 精美的镀铬内饰

图 1-34 华丽的桃木内饰

中低档轿车在车内配置仿桃木材料后,也可提高档次。仿木质材料是一种塑料制品,例如用 ABS(丙烯腈—丁二烯—苯乙烯)、PVC(聚氯乙烯)、PC(聚苯乙烯)等材料制造,现代的贴膜技术可将仿制品做得以假乱真,纹路、光泽与真的木质材料极为相似。但成批生产的塑料仿木质内饰的纹路图案可能是件件都一样,而天然的木质内饰的纹路图案却是独一无二的。随着仿制技术的提高,在塑料基材上粘贴一层极薄的木质镶饰,从外表看上去与木质装饰件完全一样。

二、驾驶室的污染

车内空气污染物主要有有毒气体和可吸入颗粒物。

1. 有毒气体

车内的有毒气体属于挥发性的有机溶剂(简称 VOC,例如甲醛、苯等)。内饰件在生产过程中要使用一些挥发性的有机溶剂,在成品中会有一定量的残留,所以在使用过程中会不断地挥发,如转向盘、变速器操纵杆、座椅扶手、中央控制台、仪表板、地毯、座椅、硬质及软质门饰、配线、车窗密封件等。这些部位是毒气的主要来源,有时在车上闻到的"新车气息"很多就是从这些部位散发出来的,这些气味会引发一些急性或慢性的病症。

挥发的甲醛、苯等有毒气体在狭小的空间内会严重影响空气质量。随着温度的升高,尤其是到了夏季,毒气挥发速度加快,对健康的危害更加严重。同时,车厢内的食品、饮料等腐败变质也会产生危害健康的物质。

2. 可吸入颗粒物

针对车内环境污染,上海市室内环境净化协会曾经公布了一份研究结果,八成以上抽检轿车车内可吸入颗粒物超标。可吸入颗粒物大多来自车外污染源,如烟囱、车辆尾气等,少数来自地毯、长绒毛饰品等。可吸入颗粒物的直径小于 $10\mu m$,这些颗粒物会侵害人体的呼吸系统,从而诱发哮喘病、肺病等。

三、内饰杀菌消毒

根据杀毒原理的不同,汽车内杀毒方式分为物理杀毒和化学杀毒,从发展趋势看,由于人们对环保的越发重视,汽车室内杀毒方法将更多地注重采用臭氧和离子杀毒,化学试剂杀毒方式由于对汽车部件的损害和容易产生新的有害气体而因此日渐式微。

1. 化学试剂法

化学试剂法消毒主要是用一些消毒剂对汽车进行喷洒和擦拭,通过化学反应的方式达到除去病菌的目的。这种杀毒方法的优点就是杀毒彻底迅速,施工简单易行,缺点也相当明显,后遗症较多,同时对汽车内饰件也有一定程度的损害作用。目前,市场上常用的消毒液及使用方法如下:

(1) 过氧乙酸。用 0.5% 的过氧乙酸溶液喷洒汽车外表面和内部空间进行消毒,但消毒后要通风半小时以上。由于过氧乙酸具有腐蚀性和漂白性,所以车内的一些物品衣物最好先取出,消毒后对汽车的金属部件要进行擦拭。

(2) 84 消毒液。通常这种消毒剂含氯量为 5%,使用时必须加 200 倍的水进行稀释,如果不按比例稀释会有一定腐蚀性。84 消毒液不具挥发性,对肝炎等病毒可通过浸泡起效,但对空中飘浮的飞沫没有什么作用。

（3）来苏水。来苏水溶于水可杀灭细菌繁殖体和某些亲脂病毒,用1%～3%的溶液对车内进行擦拭或喷洒,但和肥皂、洗衣粉一起使用,将减少杀菌力。

（4）甲醛消除灵。这是一种新式的车内杀毒产品和方法,主要是通过经过特殊处理的红色颗粒来吸附和消除车内的甲醛等有害气体,使用简单,但缺点是化学消毒可能会产生遗留症。

2. 臭氧消毒

臭氧是一种具有广泛性的、高效的快速杀菌剂,它可以杀灭多种病菌、病毒及微生物,氧化反应除去车内的有毒气体。因此,臭氧机制造出来的大量臭氧就可以在较短的时间内破坏细菌、病毒和其他微生物的结构,使之失去生存能力。臭氧的杀菌作用是急速的,当其浓度超过一定数值后,消毒杀菌甚至可以瞬间完成。与化学消毒不同,利用臭氧消毒杀菌一般不残存有害物质,不会对汽车造成第二次污染。因为杀菌消毒后臭氧很快就分解成氧气,对人体有益无害。

3. 光触媒

光触媒的工作原理是利用二氧化钛这种光的催化剂,见光产生正、负电子,其中正电子与空气中的水分子结合产生具有氧化分解能力的氢氧自由基,而负电子则与空气中的氧结合成活性氧,二者均具有强大的杀毒杀菌能力。对于汽车车厢内常见的甲醛、氨、苯等有机化合物具有分解作用,同时还可以清除车厢内的浮游细菌。

4. 高温蒸汽杀毒

用高温蒸汽给汽车消毒,相当于给汽车做"桑拿",利用蒸汽的高温对车内部进行消毒杀毒,这种方法无毒无害,可实行条件较高。蒸汽消毒的一般过程是:技师在专业的汽车蒸汽消毒机内加入水、清洁剂、芳香剂后,接通电源加热至130℃后,将喷出的高温蒸汽对汽车内饰进行消毒。

蒸汽机的品质和操作水平都十分重要,所以要尽量选择规模大、口碑好的汽车专业维护店。有的店家在蒸汽消毒的同时还附带红外线、负离子的消毒,不仅可有效地清除车内的烟味、油味、霉味等各种异味,而且还杜绝了细菌、螨虫的滋生和某些皮革因表面的保护层遭受酸性物质的破坏而出现的褪色、发黄等现象。

由于高温和湿气容易引起电器、仪表及塑料件老化,因此,不建议经常使用。

5. 竹炭吸附

竹炭同活性炭一样具有发达的空隙结构、具有很大的比表面积和超强的吸附能力。竹炭每克比表面积高达500～700㎡,具有极强的吸附能力,对苯、甲醛、丙酮、氨、一氧化碳、二氧化碳有吸附分解作用,属纯天然绿色环保产品,专用于除臭、杀菌、防霉、吸潮、防虫、防蛀、净化空气,竹炭是纯天然吸味除臭剂。

6. 离子杀毒

这也是比较常见的一种车内空气清新方法,主要是通过购买车载氧吧释放离子达到车内空气清新的目的。使用方法简单,但是空气净化过程缓慢,杀毒不彻底。

四、汽车内饰清洗设备与用品

1. 清洗护理用品

由于内饰材料种类不同,使用的清洁维护用品也不同,选择和使用时一定要根据使用说明辨别清楚。现在很多专业的汽车清洗剂生产厂家,都会根据车上零件材质的不同而开发出专门的清洗产品。这些清洗维护产品操作简便、清洗效果好,并且安全环保,没有污染。

1)化纤织物内饰清洁剂

化纤织物内饰清洁剂是去除汽车地毯和内饰品上各种污垢的干洗剂,主要用于汽车丝绒和地毯的干洗,也适用于汽车塑料顶棚、仪表板、塑料门内饰,以及座椅、行李舱的清洁除污,如图1-35所示。合格的内饰品清洗剂应该具有以下品质:

(1)有效去除各种轻度污垢和油脂。

(2)具有污染物屏蔽功效,有效防止被清洗纤维短期内再度遭受污染。

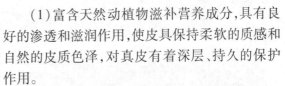

图1-35 内饰清洁剂

(3)呈中性,不含强酸碱类物质,不会伤及各种材质,对人体健康无害,对环境友好。

(4)使用较为简单,直接喷洒在被清洁的材质上,稍等片刻,用干净软布擦干净即可,无须用水冲洗。对于顽固性的污垢,可以借助刷子洗刷。

(5)防止和消除静电的产生。

2)皮革清洁剂

专门用来清除皮革饰件上的污染物,同时对皮革本身没有损坏。

3)真皮护理剂

真皮护理剂应该根据真皮毛孔的特性,通过特有的渗透功能,用天然的营养精华对真皮进行清洁、滋润,使之更加柔和、更富弹性,延长使用寿命,如图1-36所示。优良的真皮护理剂应具有如下品质:

(1)富含天然动植物滋补营养成分,具有良好的渗透和滋润作用,使皮具保持柔软的质感和自然的皮质色泽,对真皮有着深层、持久的保护作用。

(2)其内有效成分可阻挡紫外线辐射,抗静电、防水,且有效防止皮革老化、龟裂和失色。

(3)内含杀菌防霉活性成分、疏水剂,可以阻止真皮受潮、霉变。

但是市场上大多是普通树脂类光亮剂,仅仅在表层结有一层光亮膜,这种做法仅仅能够使真

图1-36 真皮护理剂

皮表面形成一层短暂的光亮膜,并不能达到对真皮的深层护理作用。很多皮革护理剂还含有有机溶剂,会引起皮革加速失色、老化。所以选用的时候要仔细分辨产品的优劣。

4)仪表板护理剂

仪表板护理剂在我国俗称为仪表板上光蜡,主要是对仪表板进行有效清洁、美容,阻止

紫外线的侵蚀,抗静电,防止板材失色、龟裂和老化。可以用于工程塑料件、木制件、橡胶密封条和皮革制品,如图1-37所示。优良的护理剂应具有如下品质:

（1）良好的清洁、美容、抵御紫外线侵蚀,抗静电等功能。

（2）不含有机溶剂而损伤所修饰的材质,应采用纯天然制剂而不会对人体健康带来威胁,也不会污染车内环境。

劣质或不合格的仪表板护理剂含大量的有机溶剂,异味浓重,令人窒息,且久不干燥,容易吸附尘土,对车内环境造成严重的污染,对人体健康存在潜在的威胁。

（3）仪表板护理剂有气雾罐包装形式和塑料罐包装形式。气雾形式的,只要均匀摇晃,直立喷射到被清洗的表面,稍等片刻,用干净的软布轻轻抛光即可使仪表板洁净和光亮。罐装形式的,用干净的软布蘸着护理剂轻轻涂饰仪表板,稍等片刻,被涂饰的表面就会光洁如新。

图1-37　仪表板护理剂

5）除臭消毒剂

清除驾驶室内的异味,杀灭有害细菌。可以单独喷洒,也可以加到蒸汽机中使用,如图1-38所示。

2．工具和设备

1）汽车内饰清洁专用吸尘器

清洁车厢吸尘器是必不可少的设备,它可以通过更换不同的吸尘端头将犄角旮旯里的杂物、灰尘清除干净。吸尘器使用后要拔下电源,存放处要远离热源和潮湿环境,并及时倾倒集尘桶中的垃圾。

2）蒸汽机

（1）高温蒸汽机通过将机器里的水加热,产生高温蒸汽,将顽固污渍溶解清除,起到杀菌消毒的效果,如图1-39所示。

图1-38　除臭剂

图1-39　蒸汽机

有的蒸汽机配套蒸汽熨斗,可以用来熨平内饰部件,对应不同的内饰材质有不同的调节挡位,使用时要注意加热的温度,以免损坏内饰件,如图1-40所示。

（2）使用蒸汽机时，将除臭剂与水按比例混合后加入蒸汽机中。加完水后一定要将加水口盖拧紧，防止压力升高后蒸汽喷出伤人。

调整温度和喷雾压力，打开加热开关加热，设定好喷雾压力，如图 1-41 所示。加热 15min 左右，就可以使用了。

图 1-40　蒸汽熨斗

图 1-41　设定压力

（3）使用蒸汽清洗机的时候一定要注意以下几点：

①可以在加水的时候混合一定量的除臭消毒剂。

②不要将蒸汽喷到电子元件上，否则很容易将其损坏，不得将高温蒸汽对着他人。

③尽量不要用于清洁皮革制品。

④使用完以后要将蒸汽机里的残余液体排干净，防止腐蚀。

3）臭氧机

臭氧机能迅速产生大量臭氧，对车厢进行杀毒。臭氧机使用方法简单，杀菌彻底，如图 1-42 所示。

图 1-42　臭氧机

五、汽车内饰的清洁护理

1. 内饰的检查

（1）检查转向盘外表是否有损坏和脏污，转向盘上的缓冲垫和前排乘客一侧仪表板内安全气囊模块的表面，既不能贴东西也不能蒙上物品或做其他处理，如饮料托架、电话支座等。这两处只允许用干燥的或水浸湿的抹布清洁。

（2）检查仪表板蒙皮是否有裂纹、破损等损伤。

（3）检查座椅和头枕表面有无撕裂、破损等损伤，安装是否牢固。

（4）检查安全带，安全带应保持清洁，否则限位器工作将不正常。

（5）车顶内饰主要为汽车顶衬及隔热层等，多为皮革或合成纤维制品。在蒙皮与车体之间附有隔热层，该隔热层不仅有助于调节温度，而且还可降低车内噪声。车顶间隙处的隔热材料填充得越多、越厚，开车时所能听到的噪声也就越小。汽车顶衬的边缘最容易脏污。

（6）检查地板下面是否有潮湿现象。确保脚垫在行驶期间牢靠地固定并且不妨碍操纵踏板。只允许使用能保证踏板区域内通畅无阻且防滑的脚垫。如果不能通畅无阻地操纵踏板，可能危及交通安全，导致人员受伤。确保脚垫总是牢靠地固定着，在已安装的脚垫上再放置或安装其他的脚垫或地毯时，一定要保证固定牢靠，不能缩小踏板空间区域、妨碍踏板的操纵。

（7）车门内饰板是经常被磨损的地方，因此容易损坏。并且在它的上面还有很多控制按钮，比如玻璃升降、后视镜调节、门锁拉手等。

以上的检查要仔细，以便为清洗做好准备。

2. 内饰的清洁护理

1）清除灰尘和杂物

（1）将车内的脚垫等无关的杂物取出，倒掉烟灰缸内的烟灰和烟蒂，如图 1-43 所示。尽量清除车内的垃圾。车门保持开启状态。

（2）打开空调，将风速调到最高挡，并拨弄空调出风口风向调节钮。清除空调系统内部的灰尘，同时借助空调吹出的风清除车厢内的灰尘。

对于仪表板上那些沟沟坎坎的地方，需用一些特制的工具，如用各种不同厚度的木片，把它的头部修理成斜三角、矩形或尖形等不同样式，然后把它包在干净的抹布里面进行清扫。

（3）取出脚垫，并将脚垫清洗干净，如图 1-44 所示。

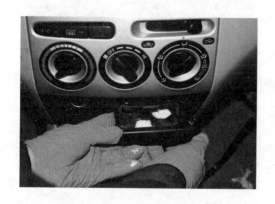
图 1-43　清理烟灰缸

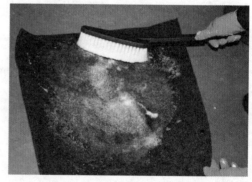
图 1-44　清洁脚垫

（4）用吸尘器清除座椅下部等边角处的灰尘和杂物，座椅要配合着前后调节，靠背放平，尽量将夹缝清洁干净，如图 1-45 所示。

2）清除顽固污渍

在车门上方的顶棚处和手扶部位，由于人员上下车的剐蹭，污渍最多、最难清洗。

（1）用蒸汽辅助清洗，同时还能将顶棚内的有害细菌消灭。

（2）边清洗边擦拭，逐步将污渍清除。

注意： 安全带在清洗时，要使用车内清洁剂或温水清洗并自然干燥，不能使用人工加热如烘烤等方式，这样会影响安全带的安全性能和使用寿命。

3）整理定型

对于不平整的部位可以用蒸汽熨斗熨一熨,使用蒸汽熨斗时要根据内饰的材料选好相应挡位,以免造成损坏,如图1-46所示。

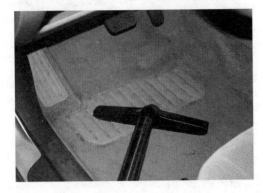

图1-45　用吸尘器清洁灰尘和杂物

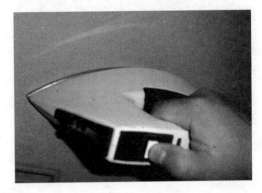

图1-46　熨平褶皱

4）维护

（1）将维护剂喷涂于柔软毛巾或无纺布上,均匀涂于皮革、塑料等需要维护的内饰件表面,如图1-47所示。

（2）用另一条柔软毛巾(或无纺布)擦干。或者直接将维护剂均匀地喷涂于内饰件表面,再用柔软的毛巾擦匀、擦干。需要维护的部位都要擦拭到,维护后的部件光亮如新,如图1-48所示。

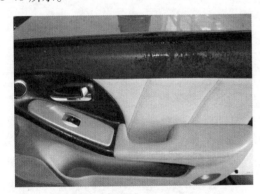

图1-47　喷涂维护剂

图1-48　擦匀维护剂

六、内饰消毒

1. 高温蒸汽消毒

使用高温蒸汽对座椅底部、顶棚等部位杀菌消毒,最好不要关闭车门,喷蒸汽量也要把握好,达到目的即可,如图1-49所示。对于真皮座椅等贵重材料部位,清洗时要加倍小心,不要让水在这些表面停留时间过长,而渗入内部,影响它们的使用性能和质量。

2. 臭氧消毒

使用臭氧消毒时,将臭氧机放在车厢内,接通电源,关闭门窗。开机释放臭氧到足够灭菌消毒的浓度和时间即可,如图1-50所示。

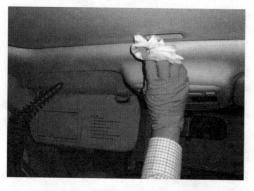
图1-49 高温蒸汽消毒

图1-50 臭氧消毒

第三节 发动机舱的清洗

1. 严重脏污对发动机的危害(初级要求)。
2. 发动机清洁维护用品的种类和选用要求(初级要求)。
3. 发动机清洁设备的使用(初级要求)。
4. 发动机清洁维护工序和注意事项(初级要求)。

技能要求

1. 能正确选用发动机清洁维护用品(初级要求)。
2. 能规范进行发动机的清洁维护(初级要求)。

发动机舱的污染以油性污染物为主,尘土、油污及各种酸碱物质特别容易附着在发动机机体等部件上,这些物质会与金属产生氧化反应而腐蚀机件。润滑残留物是汽车发动机最常见的污渍,如图1-51所示。

图1-51 脏污的发动机

在使用汽车时,发动机润滑油工作过程中常会发生一定程度的"老化"、氧化和聚合,而这些残留物也往往容易附着在零部件的表面。长期的高温和氧化作用还易使发动机的橡胶、塑料制品因老化而失去弹性,进而产生龟裂,严重时还会导致发动机故障。油污严重会影响散热,如果在火热的夏季有电线老化产生火花,很容易发生汽车自燃。

发动机美容是采用专业美容清洁用品对发动机及其附件进行清洗和维护,以有效延长其使用寿命的一种操作工艺。

一、工具和材料

1. 清洗维护用品

（1）发动机表面清洗剂。能快速乳化分解去除油污，且不腐蚀机体及其部件。水溶性好，可完全生物降解，易用水冲洗。

（2）发动机维护剂。用于发动机外部件的护理，是优质的水基上光剂，能保护零件，防止沾染灰尘。

2. 工具和设备

（1）刷子。辅助清洗工具，清除顽固污渍。

（2）保护膜。防水功能，保护电器元件。

（3）洗车机。将水压调低，用来淋湿和冲洗溶解的污垢。

（4）空气压缩机。提供压缩空气，及时吹干电器元件和电线接头处的水分。

二、清洗维护操作

1. 保护好电气设备

用锡箔纸或保鲜膜等防水材料扎紧不宜水淋的部件，如分电器、电线卡头、蓄电池、各传感器卡头等，如图1-52所示。

注意：如果发动机污垢较厚不容易清除的话，要在保护电气设备前，先用钢片将顽固污垢清除掉。

图1-52　保护电气设备

2. 淋湿发动机舱

将水枪扇面调到最大，使水压尽量低一些，能将尘土冲掉，将发动机淋湿就可以，如图1-53所示。前风窗玻璃与发动机舱隔热空间内最容易积留树叶、污泥和灰尘等污物，并且很容易被空调风机带进驾驶室内，一定要仔细冲洗。

3. 清除油污

（1）均匀地喷洒发动机清洗液并浸润5～10min，如图1-54所示。油污严重的部位要用毛刷仔细刷洗，如图1-55所示。

图1-53　淋湿

图1-54　喷涂清洗液

（2）发动机上污垢被清除掉后，再次用水枪冲掉泡沫和污水，如图1-56所示。

图1-55 用毛刷清除油污

图1-56 清洗后的发动机

（3）发动机清洁完成后，及时将保护膜取下，尽快吹干火花塞、传感器和电线接头等电气零件处的积水，如图1-57所示。

4．维护

向发动机上均匀喷洒发动机维护剂。发动机维护剂可以有效保护发动机上的零件，能防止塑料橡胶零件老化，避免发动机上沾染灰尘，如图1-58所示。如果时间长了有灰尘堆积，用压缩空气吹干净就可以。

图1-57 吹干

图1-58 维护机体和管路

第二章　汽车外部护理与装饰

第一节　汽车外部美容维护

1. 车身污垢的种类和形成原因(初级要求)。
2. 去除不同残留杂物的施工方法及注意事项(初级要求)。
3. 车身塑料件维护方法(初级要求)。
4. 车轮的损伤和检查维护方法(初级要求)。
5. 车蜡的分类、手工上蜡的操作流程和注意事项(初级要求)。

1. 能清除车身树胶、鸟粪等污物(初级要求)。
2. 能进行车身塑料件清洁护理(初级要求)。
3. 能清洁和维护车轮(初级要求)。
4. 能进行漆面手工打蜡(初级要求)。

一、车身表面的污垢

1. 车身表面污垢的形成

汽车车身表面的污垢主要是由尘土和泥水引起的。一些泥沙和油污也容易溅洒到车身上,在黏附一些尘土和污物之后,车身就会变得越来越脏。尘埃黏附过程大体可分三个阶段:尘土扩散、传播和颗粒分离,污垢程度以每平方厘米面积上的污垢毫克数来度量。

2. 车身表面污垢的种类

车表污垢包括外部沉积物、附着物、水渍等,它们往往具有很高的附着力,可牢固地附着在零件的表面。由于这些污垢各有自己不同的性质,因此清除它们的难易程度也不同。

(1)外部沉积物,可以分为尘埃沉积物和油腻沉积物。空气中经常含有一定数量的尘埃,在运动着的车辆附近,当尘埃的颗粒度为 5~30mm 时,其含量就会达 0.05g/m³ 左右。当尘埃颗粒的含量增加时,它在金属表面的凝聚和沉积也就会加快。在潮湿的空气中,由于吸附在汽车表面的水膜会提高尘粒间的附着力,从而使尘粒加速凝聚,其附着在汽车表面上的牢固程度主要取决于表面的清洁程度、尘粒的大小和空气的湿度。而油腻沉积物是由于污泥和尘埃落到被润滑油污染了的零件上而形成的。也可能是因为润滑油落到了被污染了的表面上,此时润滑油浸透了污泥并附着在车身表面。

(2)附着物。汽车在行驶中,容易粘上不同的附着物,如柏油、沥青、鸟粪(图2-1)、虫尸等。这些附着物能牢固地粘在车身表面,一般很难用水清洗干净,要用有机溶剂去除清洗。这些附着物在车漆表面停留时间过长,会侵蚀到油漆的内部,甚至会对车身的基材造成损害,所以有这些附着物时一定要及时清除掉。

还有一种附着物是因车身与其他物体相互剐蹭而附着的,如图2-2所示。它可能会对车身的漆面和基材造成损害,只有专业的美容技师才能处理。

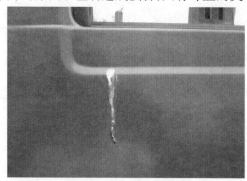
图2-1 车门上的鸟粪

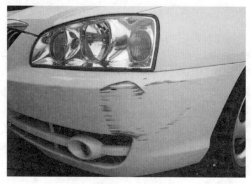
图2-2 剐蹭附着物

(3)水垢。若落到汽车表面的水滴中含有颜料、化学溶剂等,则会损坏漆面的物质,时间长了水分蒸发干后,就会在车身上形成很难去掉的水垢。有些水垢甚至会浸透到油漆里,威胁到车身钢板。车身打蜡过度,或蜡的质量不好,融化后也会形成难以去除的水垢。

二、车身表面污染物的清除

使用火山泥去除车身上的颗粒状顽固污染物,如图2-3所示。

沥青、重油脂、蜡质等化学异物,是最让人头疼的车身污染,擦不掉、洗不掉,弄不好会越来越严重,处理不好甚至会把漆面弄坏,使用专用的脱脂溶剂清洗就可以迅速解决此类问题,如图2-4所示。

图2-3 去除铁粉

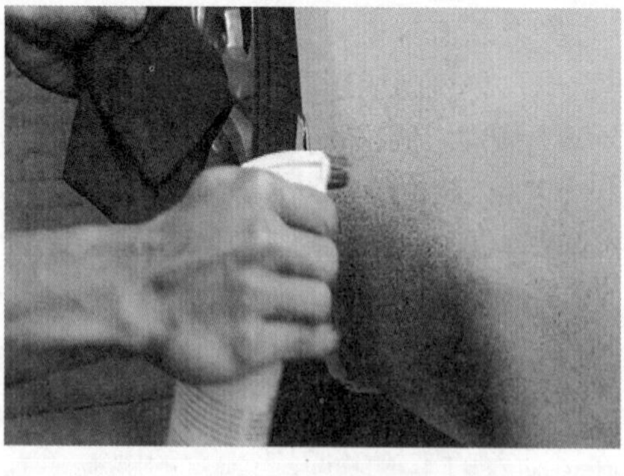

图2-4 去除沥青

三、车身塑料件的清洁护理

1. 车身塑料件的损伤

车身塑料件损伤以老化为主,多表现为表面褪色、出现裂纹、容易断裂等。车身外部的

第二章 汽车外部护理与装饰

塑料饰条,不但起到美观的作用,更重要的是它可以保护蒙皮和车辆。因为它处在车身最外的边缘部分,遇到剐蹭时首先受到损伤的就是它。饰条被剐蹭后,会产生划痕、附着污物,严重的甚至会变形如图2-5所示。

2. 塑料件的清洁维护

车身塑料件要使用专用的塑料清洁剂进行表面清洁,干燥后在表面涂抹塑料维护剂并擦匀。

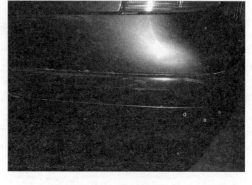

图2-5 受到剐蹭的饰条

3. 损伤车外饰条的修复

(1)先用P240号砂纸将划痕打磨掉。

(2)如果损伤部位严重,可以刮涂塑料腻子方法填平损伤。

(3)用P400号的砂纸将饰条全部打磨。

(4)清洁并除油。

(5)将与饰条相邻的部位进行遮护。

(6)均匀地喷涂2遍合适颜色的油漆,等油漆干燥后撤除遮护,如图2-6所示。

若饰条发生断裂若特别严重变形的,只能更换新件。

图2-6 塑料饰条划痕修复后

四、车轮的清洁维护

1. 车轮检查

1)轮圈检查

车轮轮圈经常受到剐蹭而损坏,要经常检查,看其表面是否受损、平衡块是否脱落、是否发生了变形,如果变形严重就要及时更换新的轮圈,以免发生安全事故。

2)胎压检查

(1)汽车轮胎的标准气压值在油箱盖内侧、车门框内侧或行李舱内侧会有标注。车辆的使用说明书上也会有标准胎压值。轮胎气压要定期使用气压表测量,如图2-7所示,不可用肉眼判断。

(2)有时气压降低很多,但轮胎看上去却并不太瘪。所以每月应至少检查一次气压(包括备胎),备胎的气压要充得相对高一些,以免时间一久气压过低。因为正常情况下轮胎也会漏气,造成气压降低,平均每月会减低0.07MPa。

(3)气压必须在轮胎冷却时测量。检查完轮胎气压后,将肥皂液涂在气嘴上,查看是否漏气,如果肥皂液涂在气嘴上时有明显的气泡或抖动,表示气嘴芯漏气,应拧紧或更换气嘴芯。检查完毕后,将气嘴的防尘帽戴上,以防脏物和水汽进入气嘴。

3)轮胎表面的检查

(1)平时要经常查看整个胎体是否存在钉子、铁屑、玻璃碎片、石头等硬物,或有其他撞伤,这些潜在的隐患都可能导致轮胎漏气。一个小小的轮胎刺孔,如不及时处理,最终可能会导致车辆事故。

（2）检查轮胎花纹深度。用花纹深度规来测量，如图2-8所示，一般轿车花纹残留深度不得低于1.6mm。否则，轮胎的驱动力、制动性能都要大大降低，遇到雨水路面将出现侧滑。

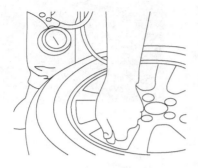

图2-7　检查胎压

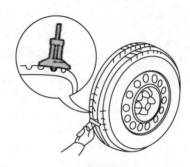

图2-8　检查花纹深度

（3）检查轮胎外伤。胎体扎伤、刮伤的原因是驾驶员开车时对行驶路线选择不当，不注意避让尖锐突出障碍所致。检查时应查看轮胎是否有扎钉、割破、鼓包、开裂和气门嘴老化等现象。轮胎外伤对轮胎的使用有很大影响，有外伤的轮胎应慎重使用。气门嘴是一个容易被忽视的地方，对它的使用情况也应留意检查。

图2-9　检查轮胎磨损情况

（4）检查轮胎的磨损状况。轮胎的寿命与轮胎花纹的寿命紧密相关。一般情况下，每隔60°就在轮胎侧面有一个小"A"符号，一周共有6个，在小"A"所对应的胎冠部分，花纹下刻有花纹磨损残留极限，如图2-9所示。

2. 轮胎的美容维护

1）轮胎亮光剂

轮胎亮光剂能够快速渗透到轮胎表层，清走污垢，防止轮胎硬化、爆裂，令轮胎恢复原色，光亮如新。市场上使用的喷涂型轮胎维护蜡多一些，液体涂抹型轮胎维护剂的维护质量要高于喷涂型的。

2）拆卸车轮

（1）车辆停放平稳，拉紧驻车制动器手柄。取下车轮罩盖，露出车轮螺栓。

（2）拧松车轮螺栓。按对角线顺序松开车轮螺栓，不要将螺栓完全拧下，如图2-10所示。否则，会对轮圈和螺栓造成损坏。

（3）举升车辆，使车轮离开地面到方便取下车轮的高度，卸下车轮螺栓，取下车轮。

3）轮胎维护

先将轮胎花纹里的异物清除干净，轮胎可不用清水冲洗，只要将特制的轮胎光亮剂喷涂于轮胎的表面，使用前要先摇匀，均匀地喷在轮胎表面上，静候3～5min自行干透既可，如图2-11所示。

第二章 汽车外部护理与装饰

图2-10　拆卸车轮

图2-11　维护中

维护完成后，光亮剂迅速渗透到橡胶内部，从而起到分解有害物质、延缓轮胎老化并使其增黑增亮的作用，如图2-12所示。

4）安装车轮

（1）首先在车辆举升位置进行预安装。按对角线的顺序紧固车轮螺栓，螺栓不用大力拧紧，保证车轮不晃动就可以。

（2）降下车辆使车轮着地，用扭力扳手按规定力矩紧固螺栓，紧固的顺序也是按对角线进行，如图2-13所示。一般轿车车轮螺栓的拧紧力矩在100~120N·m，有的还要求分几次紧固。

图2-12　维护后

图2-13　按规定力矩拧紧

五、漆面的手工打蜡

1. 车蜡

1）车蜡的种类

按作用的不同可以分为维护蜡、修护蜡、综合蜡。

（1）维护蜡如图2-14所示。维护蜡能均匀地渗透到漆面的细小空隙中，使漆面上多了一层保护膜，可以隔绝紫外线、灰尘、油烟以及其他杂质，保持漆面的光泽和持久性。

（2）修复蜡主要是在蜡中加入氧化铝、碳化硅等研磨成分，能够修复漆面上的划痕，但是漆面也会同时变薄。

（3）综合蜡是将修护蜡和维护蜡综合在一起，可以将抛光和保护一次完成。如三合一美容蜡等。

2）车蜡选择

市场上车蜡种类繁多，分类标准也是五花八门，由于各种车蜡的性能不同，其作用效果也不一样,所以在选用时必须要慎重,选择不当不仅不能保护车体,反而会损伤车漆,甚至使车漆变色。

一般情况下选择车蜡时,要根据车蜡的作用特点、车辆的新旧程度、车漆颜色及行驶环境等因素综合考虑。

(1)对于高级轿车,可选用高档车蜡。

(2)对普通车辆,用普通的珍珠色或金属漆系列车蜡即可。

(3)新车最好用彩涂上光蜡,以保护车体的光泽和颜色。

(4)夏天宜用防紫外线车蜡。

(5)行驶环境较差时,则用保护作用突出的树脂蜡比较合适。

(6)选用车蜡时,还必须考虑与车漆颜色相适应,一般深色车漆选用黑色、红色、绿色系列的车蜡,浅色车漆选用银色、白色、珍珠色系列车蜡。

2．漆面打蜡操作

1)上蜡

将少量蜡挤在海绵上,保证每次处理的面积一定,不可大面积涂抹。上蜡时手的力度一定要均匀,用大拇指和小拇指夹住海绵,以手掌和其余的三个手指按住海绵进行上蜡,如图2-15所示。

图2-14　维护蜡

图2-15　上蜡

上蜡应按一定的顺序进行操作,一般从车顶开始,到发动机舱盖、翼子板、车门,再到尾部,遵循先上后下的原则。蜡膜尽量做到薄而均匀,并且将车身上有漆面覆盖的表面都要上到。上蜡时可以按直线往复也可以按螺旋线的方式进行,但是不可把蜡液倒在车上乱涂。一次作业要连续完成,不可涂涂停停。

图2-16　褪蜡

2)褪蜡

上蜡完成并停留几分钟后,用手工擦除或用抛光机将其打亮。手工擦拭时,应先用手背感觉车蜡的干燥程度,以刚刚干燥而不粘手为宜。褪蜡时,按上蜡的顺序进行就可以,手掌放平,垫上柔软的毛巾,掌心微用力,反复擦拭直到将蜡粉褪净,漆面明亮、光滑,如图2-16所示。

从侧面观察漆面光泽应一致,没有未褪掉车

蜡的地方。用机器处理时,应在车蜡完全干燥后进行,转速控制在1000r/min以下。

车身打蜡后,在车灯、车牌、车门和行李舱等处的缝隙中会残留一些车蜡,使车身显得很不美观。这些地方的蜡垢若不及时擦干净,还可能导致车身产生锈蚀。因此,打完蜡后一定要将蜡垢彻底清除干净,这样才能得到完美的打蜡效果。

第二节　汽车漆面的维护

知识要求

1. 汽车漆面失光原因、汽车漆面翻新可行性判断(中级要求)。
2. 各种汽车漆面翻新与维护材料的功效及施工对象(中级要求)。
3. 汽车漆面翻新与维护的工具及使用方法(中级要求)。
4. 汽车漆面抛光的操作流程及质量评价方法(中级要求)。
5. 汽车封釉、镀膜的保护原理和各自工艺流程(中级要求)。

技能要求

1. 能对漆面进行色彩还原(中级要求)。
2. 能进行漆面封釉维护(中级要求)。
3. 能进行漆面镀膜(中级要求)。
4. 能进行漆面划痕还原修复(中级要求)。

车身涂层就像人身体的皮肤一样,需要经常进行美容维护,才能保持"靓丽的容颜"。平时的车身清洗是最基本的美容方式,虽然简单,但其中的学问却很多。不过光凭良好的清洗还是远远不够的,因为漆膜要受到紫外线的伤害,会产生各种划痕,会附着各种污物,所以要想预防和修复涂层的各种损伤,就需要进行漆面深层的维护,如图2-17所示。

一、汽车漆面损伤

1. 车身漆面损伤的分类

按车身漆面损伤程度的不同,可分为轻微损伤、轻度损伤、中度损伤和重度损伤4类。

图2-17　漆面抛光美容

(1)轻微损伤。漆面表面有细小的划痕,像发丝一样,所以也叫发丝痕。整体观看分辨不清,但是漆面光泽度降低,有雾蒙蒙的感觉。尤其是黑颜色的漆面,有轻微损伤后,看起来会发白。

(2)轻度损伤。该种漆面损伤较重,划痕独立显现,用指甲横向轻轻刮过,会有明显阻力。

(3)中度损伤。漆面损伤进一步加重,缺陷能明显看出。但是仔细观察损伤还没有贯穿面漆漆面。

（4）重度损伤。该种漆面损伤已经将面漆漆面彻底损坏,而露出底漆甚至底层金属。

2. 划痕对漆面的影响

光线照射到划痕严重的漆面后会发生漫反射,如图 2-18 所示。整体看来漆面没有光泽,总是有雾蒙蒙的感觉,尤其是黑颜色漆面的车身,即使刚清洗过也不会有很高的光泽,如图 2-19 所示。

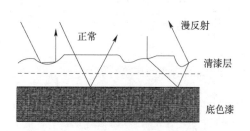

图 2-18 光线照射到有划痕表面后的反射情况

图 2-19 车身上的划痕

3. 漆面损伤维护修复工艺

对于不同性质的面漆漆面和不同的损伤程度,采用的维护修复工艺,如表 2-1 所示。

漆面损伤及维护修复工艺　　　　　表 2-1

面漆类型	损伤程度	维护修复工艺	损伤程度示意图
单工序面漆	面漆良好:表面无附着物和划痕,光亮洁净	打蜡、封釉、镀膜进一步维护	
	面漆良好但是附着污物:表面无划痕,有附着物,如鸟粪、柏油等。有些附着物中的酸性物质会渗透到漆面深处	使用专用清洗剂去除,打蜡、封釉、镀膜进一步维护	
	面漆轻微划痕:长时间没有进行漆面维护,洗车毛巾及灰尘等造成发丝状划痕。虽然车身很干净,但是总感觉像是没有洗净	细抛光去除发丝痕,打蜡、封釉、镀膜进一步维护	
	面漆严重划痕:划痕明显,轻轻用指甲刮过,能感觉到有阻碍。仔细观察,发现没见到底漆	打磨,粗抛光、细抛光,打蜡、封釉、镀膜进一步维护	
	面漆被划穿:可见到底漆,甚至看到底材(钢板、塑料)	重新喷涂,打磨,粗抛光、细抛光,打蜡、封釉、镀膜进一步维护	

续上表

面漆类型	损伤程度	维护修复工艺	损伤程度示意图
双工序面漆	清漆层良好:表面无附着物和划痕,光亮洁净	打蜡、封釉、镀膜进一步维护	
	清漆层良好但附着污物:表面无划痕但是有附着物,如鸟粪、柏油等。有些附着物中的酸性物质会渗透到清漆层深处	使用专用清洗剂去除,打蜡、封釉、镀膜进一步维护	
	清漆层轻微划痕:长时间没有进行漆面维护,洗车毛巾以及灰尘等造成发丝状划痕。虽然车身很干净,但是怎么看总感觉像是没有洗净,尤其是黑颜色的汽车更明显	细抛光去除发丝痕,打蜡、封釉、镀膜进一步维护	
	清漆层严重划痕:划痕明显,轻轻用指甲刮过,能感觉到有阻碍。但是仔细观察,发现没有见到底色漆	打磨、粗抛光、细抛光,打蜡、封釉、镀膜进一步维护	
	清漆层被划穿:可见到底色漆,甚至底漆或底材(钢板、塑料)	重新喷涂、打磨、粗抛光、细抛光,打蜡、封釉、镀膜进一步维护	

二、汽车漆面美容方法

1. 抛光

漆面抛光是汽车美容技术中最为主要的组成部分,抛光技术的高低直接关系到汽车美容的最终效果。车身漆面有划痕损伤,有时经过喷涂之后可能会出现粗粒、砂纸痕、流痕、反白、橘皮等细小缺陷,为了修复这些划痕和缺陷,通常进行适当的研磨抛光处理,以提高漆面的镜面效果,达到光亮、平滑、艳丽的要求。

2. 封釉

封釉时釉通过封釉机的高速振动和摩擦,利用其特有的渗透性和黏附性把釉分子强力渗透到汽车表面漆面的缝隙中。使漆面也具备釉的防酸雨、抗腐蚀、耐高温、耐磨、高光泽度等特点,从而起到美观和对车漆保护的目的。经过封釉的汽车漆面光滑,手感柔顺,亮丽照人,漆面能够达到甚至超过原车效果。使旧车更新,新车更亮,还为以后的汽车美容、烤漆、翻新奠定了基础。

3. 镀膜

镀膜出现在打蜡和封釉之后,主要是运用玻璃纤维素、硅素聚合物、氟素聚合物等非石油材料制成,镀膜能在车漆表面形成一层不氧化的保护层,将车漆和外界完全隔离起来,具有极高的强度和耐候性。而且表面光滑,污物不容易黏附,光泽度极高且持久,如图2-20所示。镀膜一次,保护效果有的可持续接近一年。镀膜保护原理如下:

(1)利用活性促进剂对处理过的漆面进行脱脂脱蜡处理,防止漆面残存的研磨剂与硅油影响下一步处理的效果。

图 2-20　涂层镀膜后

（2）利用漆面增艳剂将漆面进行增艳处理，使漆面颜色更加鲜艳且光彩照人。

（3）利用漆面密封剂对漆面进行密封处理，将制作好的漆面基底与空气彻底隔离并且为下一步处理做好准备。

（4）利用镜面光滑剂填补漆面最细微的瑕疵，制造特殊的光滑手感。

（5）利用劲亮树脂剂制造漆面绝佳光亮度。

（6）利用宝石护膜剂与镜面光滑剂、劲亮树脂剂充分反应形成坚固的保护膜。

（7）氟釉元素剂对漆面进行抗氧化、抗洗涤处理。最后在制作好的漆面上封镀极品釉层并且在制剂未干之前利用釉剂保护制作好的漆面，使各层制剂能够有充分干燥的环境。

4. 抛光与封釉、镀膜的区别

（1）根据维护原理的不同可以看出，抛光属于损伤性美容，而封釉和镀膜属于保护性美容。

（2）封釉保护原理是釉剂渗透进车身漆面中，提高漆面的各种性能；而镀膜是在车身漆面表面形成一层保护膜，起到维护目的。

三、漆面维护用品与设备

1. 抛光机与抛光蜡

1）抛光机

抛光机有立式和卧式两种，立式抛光机体积小巧，携带方便，可以作为打蜡工具使用。绝大多数的美容店都使用卧式抛光机，如图 2-21 所示。它操作方便，使用寿命长，抛光效果好。

2）抛光蜡

抛光蜡属于修复蜡，在蜡中加入研磨成分，如氧化铝、碳化硅等。根据研磨剂的颗粒切削能力不同，分为粗蜡、中蜡、细蜡，如图 2-22 所示。修复蜡能够修复漆面上的划痕，但是同时漆面也会变薄。

图 2-21　抛光机

图 2-22　抛光蜡

3）抛光轮

抛光轮的选择要根据漆面损伤程度而定,具体选择标准见表2-2。

抛 光 轮 的 选 择　　　　　　　　　　　　　表2-2

产　品	技 术 特 点	适 用 漆 面	实　　物
羊毛球	用于漆面粗抛光,有使空气流通的特殊结构,有助漆面温度最佳,切削力次强	新修补、划痕严重的表面处理后	
粗海绵	用于严重受损的旧漆面抛光,切削力更弱	新修补或划痕重的表面处理后	
细海绵	精细抛光,提升漆面表面光泽	发丝划痕、粗抛光后	
蜂窝状海绵	精细抛光,蜂窝状结构有助于消除抛光纹	细抛光、有光晕、维护	

4）抛光机的使用

（1）抛光轮背面与抛光垫上有自粘扣,方便安装和拆卸,如图2-23所示。安装粘扣式的抛光轮时,一定要保证二者的中心线重合。如果安装位置偏了,海绵轮转动时,边缘的离心力分布不均,就会影响到抛光质量和加速设备的损坏。

（2）普通抛光机有1~6个不同的速度挡位。高档的抛光机速度调节是无级的,可以在静止到最高转速之间随意调节,以满足不同的抛光工艺要求,如图2-24所示。

（3）抛光操作时锁住开关,以便不用长时间按着开关,方便抛光操作。需要停机时,只要再按一下开关,锁止自动解除,抛光机停止工作,如图2-25所示。

图2-23　安装海绵轮

注意：

①抛光机转速调整:粗抛时转速要低些,一般在1~3挡;精细抛光时转速要调高,一般在1~5挡。

②抛光时不要过分用力按压,保证抛光机不晃动就可以。

③抛光完毕,将抛光海绵取下,清洗干净后单独放好。

④抛光机存放时要让抛光盘向上,防止抛光盘被压变形。

图 2-24　调速

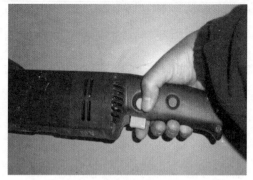

图 2-25　锁止

2. 封釉机与车身釉

1）封釉机

它的运动轨迹与抛光机不同，转盘与轴心不是重合的，有一段偏心距，所以运行的时候不是绕着圆心旋转，而是在旋转的同时有偏心的振动，如图2-26所示。

与封釉机配合使用的是圆形细海绵或蜂窝状海绵，采用粘扣式安装，如图2-27所示。

2）车身釉

釉是一种从石油副产品中提炼出来的抗氧化剂，能够渗透到漆面内部，起到防酸、抗腐、耐高温、耐磨、耐水洗、提高光泽度等作用，如图2-28所示。

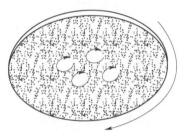

图 2-26　偏心复合运动

图 2-27　封釉机

图 2-28　车身釉

四、漆面抛光美容操作

1. 抛光前准备

（1）准备工具。准备好抛光机、抛光轮、美容砂纸、抛光蜡、维护蜡等设备和材料。

（2）清洁车辆。旧车漆面表面附有泥沙、灰尘、蜡质油污等污染物，在抛光前一定要清洁干净，使漆面表面干燥、无尘、无蜡、无污痕。

（3）将饰条、门把手、棱线等部位遮护好，如图2-29所示。扳回后视镜，有外置天线的将其取下。

2. 漆面缺陷的处理

(1) 漆面状况。漆面氧化层、脏膜、泛色层、中度划痕、新喷漆面流痕、粗粒、橘皮、失光、丰满度差。

(2) 处理方法。使用 P1500～P2000 美容砂纸,在漆面表面打磨,对凸出漆面的流痕、粗粒、橘皮等,要用海绵垫块衬砂纸打磨平整,注意不要把漆面磨穿露底,用毛巾和清水把全车擦净、擦干,如图 2-30 所示。有干磨条件的,可以用干磨软垫进行抛光前处理。

图 2-29　抛光前的遮护

图 2-30　磨掉划痕等缺陷

3. 粗抛光

(1) 漆面状况。漆面经过 P1500～P2000 美容砂纸研磨后,无流痕、粗粒、橘皮、凸点,表面呈现无光状态。或者漆面上的轻微划痕也可以不用打磨直接进行粗抛光。

(2) 抛光方法。摇匀抛光粗蜡,置于抛光机的粗研磨轮上,将转速调至 800～1200r/min,将其平放于漆面上,然后均衡地向下施力,从车顶开始按顺序每一小块做一次处理,有规律地沿水平方向来回移动,漆面呈现光泽,即可用干净的毛巾把抛光剂擦净,如图 2-31 所示。

经过粗抛光后,漆面表面无砂痕、划痕、粗粒、橘皮,漆面无抛穿痕迹,呈现平滑、光亮状态。

注意:粗抛光结束后,要及时将车身上的粗蜡粉擦掉,不要给后续工作埋下隐患。

4. 精细抛光

(1) 漆面状态。粗抛光结束后,漆面表面的缺陷已经被处理掉了,漆面光亮,但是由于抛光粗蜡磨削力很强,漆面光泽度不高,可能还存在细微的划痕和光晕。

(2) 抛光方法。摇匀抛光细蜡,倒在抛光轮上,将转速调至 1200～1800r/min,将其平放于漆面上,然后均衡地向下施力,从车顶开始按顺序每一小块做一次处理,有规律地沿水平方向来回移动,直至做到没有光晕的闪亮漆面,即可用干净的毛巾把抛光剂擦净。精细抛光结束后,漆面要达到光可照人的程度,如图 2-32 所示。

五、漆面封釉

1. 漆面要求

(1) 封釉前要保证漆面表面干净、平滑、无划痕。

(2) 若有划痕等缺陷可以先进行抛光,然后用干净软布将抛光残留物清除干净,才可以进行封釉。

图 2-31　粗抛光

图 2-32　精细抛光后的漆面

2. 封釉操作

（1）封釉时先用干净软布将抛光残留物清除干净。

（2）使用前要充分摇匀，用软布或海绵将封釉剂涂在漆面上，停留 60s 后用手工或机器抛光。

（3）机器转速保持 1000r/min 以下，最后用干净软布擦去残留物。

（4）手工处理时，直线抛光，抛亮即可。

3. 抛光美容注意事项

（1）抛光的车身一定要清洁，抛光车间无灰尘，日光不能直接照射车身。

（2）车身不能过热，尤其是发动机舱盖位置，要等到表面冷却以后再施工。

（3）按从车顶→发动机舱盖→翼子板、车门→行李舱盖→保险杠蒙皮的顺序，由上到下，由前到后的顺序施工。

（4）一次施工面积不要过大，以个人手臂长度能方便操作为准。

（5）分车身部分来操作，进行完发动机舱盖的抛光后再去抛翼子板，不要这里还没抛完就进行下一处。

（6）更换抛光剂的同时要更换海绵轮，不可混用海绵轮。

（7）对于棱线、边角位置要小心，不要过分抛，以免抛穿。

（8）抛光机要往复运动，不得在一处长时间停留，以免生热，损坏漆面。

（9）不要将抛光机和抛光蜡等物品随手放在车身上，工作服上不要有尖锐的饰物，抛光机电线妨碍操作时要将其放在肩背上。

（10）抛光结束后的汽车，一定要及时上保护蜡或者进行封釉等处理，防止新漆面被氧化。

第三节　汽车底盘的维护

知识要求

1. 底盘损伤的类型（中级要求）。
2. 底盘保护材料的使用（中级要求）。

3. 底盘装甲的工艺流程(中级要求)。

技能要求

1. 能检查底盘损伤(中级要求)。
2. 能进行底盘装甲(中级要求)。

汽车在使用的过程中要经历各种气候条件和复杂的路况:春季多风沙,细小沙石对底盘的撞击;夏季雨后,地表蒸汽烘烤、酸雨的侵袭;冬季雪后,除雪剂的腐蚀。有很多车表面上看起来光艳照人,而底盘早已经锈蚀斑斑。废气、冷风、噪声、灰尘都会从这些细小的洞孔中渗入。洞孔逐渐扩大,铁皮生锈,层层剥落。车烂先烂底,一辆汽车的质量好坏,观察底盘是最直观的方法,如图2-33所示。

图2-33 受到腐蚀的汽车底盘

一、汽车底盘的损伤

汽车底盘的损伤主要有碰撞损伤和锈蚀损伤两类。

1. 碰撞损伤

汽车底盘处于车身的最底部,离地面最近,难免受到碰撞、剐蹭。碰撞轻微的,会损坏金属造成锈蚀;碰撞严重的,会损坏底盘零件,比如刮坏油底壳、地板、副车架、稳定杆、撞坏纵梁、转向横拉杆、半轴等,会造成润滑油泄漏、车身变形、车辆跑偏等后果,直接影响到车辆的正常行驶。

2. 锈蚀损伤

汽车底盘一般是人们最容易忽略也是最容易遭到腐蚀的部位,归纳起来汽车锈蚀的主要因素有如下这些:

(1)车辆长时间行驶后附着的油污,油污严重时会影响散热,还会腐蚀车体。

(2)因轻微意外或碎石碰撞而划破表面烤漆防护层,以致造成锈蚀。

(3)冬季除了气候寒冷的因素外,一些北方城市播撒的融雪剂也会对汽车底盘造成一定的腐蚀。

(4)雨天路湿,车辆下侧的空隙处特别容易积存污泥,给湿气提供了藏匿的地方,这往往也是最容易导致生锈的地方。某部分长期潮湿,尽管其他部分保持干燥,亦可能生锈。

(5)车体嵌板部分、凹处与其他部位聚积含水分的泥土与碎泥,会加速锈蚀。

(6)潮湿的地毯使汽车内部无法完全干燥,造成地板锈蚀。

二、底盘封塑保护

底盘封塑是一项底盘防腐护理工艺。将一种高附着性、高弹性、高防腐、防潮的柔性橡胶树脂厚厚地喷涂在底盘上,使之与外界隔绝,以达到防腐、防锈、防撞,同时还可以隔除一部分来自底部的杂音。底盘封塑不同于以前的底盘防锈处理。普通的防锈处理是在汽车底盘涂上一层油脂来隔除水分,当汽车行驶一定的里程之后,油脂会不断蒸发、黏附灰尘,防锈效果会渐渐消失,黏附的灰尘、油污还会造成新的腐蚀。

1. 底盘装甲

底盘装甲即防锈保护胶,如图2-34所示。它是以橡胶为基本材料的一种防锈剂,具有防腐蚀、隔音的效果,施工方便,可喷涂在垂直方向的表面而不滴流。

底盘装甲常见的包装形式有罐装和自喷罐装两种。对于罐装的液态防锈保护胶需要配专用的喷枪,需要接压缩空气作为动力进行喷涂,如图2-35所示。如果是气雾型的,则直接喷涂即可。

图2-34　底盘装甲

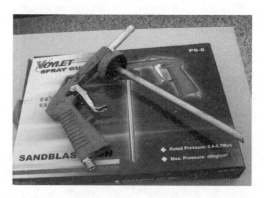

图2-35　防锈保护胶喷枪

2. 底盘损伤的检查

(1)举升车辆到适当高度,确认安全后,进入车底,仔细对底盘部分进行检查。

(2)检查底盘部分有无刮碰损伤、表面是否有锈蚀、零件是否有变形,如图2-36所示。

(3)检查排水口是否变形或被堵塞、是否能正常排水,如图2-37所示。

图2-36　检查车架是否损坏

图2-37　检查车底排水口

3. 施工前准备

1)个人防护用品

(1)穿戴好工作服、工作鞋、工作帽等常规个人防护用品,如图2-38所示。

(2)佩戴防护口罩、耐溶剂的橡胶手套和防护眼镜。

2)施工安全

(1)底盘装甲操作要在车下施工,要注意车辆举升机的安全操作规范。

(2)喷涂操作时,要注意工作车间的通风。

(3)底盘装甲、除油剂等喷涂物不得对着他人或其他物体喷涂。

图 2-38　劳动保护用品

4．施工流程

1）清洁

首先要仔细地将底盘彻底清洁一遍。

(1)可以先用高压水枪将泥土等污垢清除。

(2)再使用专用去污剂,把沥青、油污等彻底去除干净。

(3)用压缩空气吹干底盘部分的积水,尤其是缝隙,要干燥彻底。这些处理中任何一项疏忽都会影响底盘装甲的牢固度,如图 2-39 所示。

2）处理损坏和锈蚀

如果汽车老旧,车底已经有了腐蚀现象,或者底盘有被刮碰的痕迹,导致之前的底盘装甲或者油漆损坏,露出钢铁部分。一定先将这些部位处理好,否则直接做装甲,锈蚀仍然会在内部发生。处理这些损坏的方法是：

(1)先用钢刷或铲刀将锈蚀和破损的漆膜处理掉,露出新鲜的钢铁底材。

(2)然后再用 100～150 号砂纸打磨一遍,吹净污物,并做好除油,如图 2-40 所示。

图 2-39　彻底清洁　　　　　　　图 2-40　处理损坏部位

3）遮护

(1)对于油管和露出的螺栓等部位,要首先做好遮护。

(2)底盘装甲不可使用在汽车可转动部分和需要散热的部位。在喷涂时,将变速器、传动轴、油箱、转向轴、排气管等部位用报纸遮护起来,如图 2-41 所示。

4）喷涂

(1)首次喷涂的量不要过多,能有 50% 的遮盖力就可以,喷涂完成后静置 5min 左右,进行下一次喷涂,如图2-42所示。

图2-41 贴护

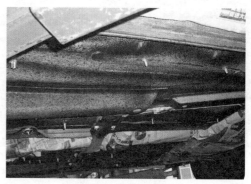

图2-42 首次喷涂

(2)二次喷涂要将底材全部遮盖,不能露出底盘原来的颜色,以达到完全保护的目的,如图2-43所示。

(3)如果经过两次喷涂后某些部位的覆盖效果不好,要及时进行补喷。

5)竣工检查

撤掉保护贴纸,检查是否还有遗漏的地方,是否在不应该喷涂的部位喷涂了,发现问题及时处理,如图2-44所示。

图2-43 二次喷涂

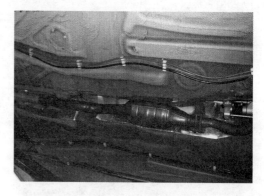

图2-44 竣工检查

第四节 汽车车身装饰

知识要求

1. 车身包围装饰的内容(中级要求)。
2. 车身贴饰的类型和要求(中级要求)。
3. 车身贴饰的粘贴工艺(中级要求)。

技能要求

1. 能进行车身美观贴饰的粘贴施工(中级要求)。
2. 能进行车身保护贴饰的粘贴施工(中级要求)。

第二章 汽车外部护理与装饰

汽车车身装饰的内容十分丰富,它分布在汽车车身的每个角落。有改变车身外部形态的装饰,如车身大包围装饰、各种车身贴饰[图2-45a)]等;有改变汽车行驶安全性的装饰,如导流板和扰流板装饰、犀牛皮装饰、防擦条装饰[图2-45b)];有改变汽车乘坐舒适性的装饰,如门窗上的晴雨挡装饰[图2-45c)]、静电带装饰等。

a) 车身帖饰

b) 防擦条

b) 晴雨挡

图 2-45 车身装饰

一、车身大包围装饰

汽车车身大包围是车身下部宽大的裙边装饰。汽车加装大包围给人以雍容气派、热情奔放之感。另外,还可以改善车身周围的气流对运动中的车身稳定性的影响,如图2-46所示。

1.汽车车身大包围的组成

汽车车身大包围由前包围、后包围和侧包围组成。前、后包围有全包围式和半包围式两种。全包围式是将原来的保险杠蒙皮拆除,然后加上新的大包围组件,或者是将大包围组件覆盖在原保险杠蒙皮表面;半包围是在原来保险杠蒙皮的下部附加一套装饰件,可以不用拆除原车的保险杠蒙皮;侧包围是在车身侧下部加装包围组件,

图 2-46 汽车车身大包围

主要是在车门槛位置进行装饰。汽车的大包围可以在前后保险杠蒙皮、中网、发动机舱盖、门槛、行李舱等多处进行装饰。

2. 汽车车身大包围的设计原则

（1）安全性原则。汽车安装大包围后决不能影响整车性能和行车安全,设计中要考虑路面状况以及原车的减振性能。

（2）标准性原则。设计的大包围组件要符合国家有关规定。

（3）协调性原则。各包围件的造型和颜色要与车身相协调。

（4）整体性原则。要将汽车的前、后、左、右各包围件作为一个整体进行设计。

（5）观赏性原则。设计的大包围组件要美观大方,符合消费者审美需求。

3. 车身大包围装饰的注意事项

（1）汽车是否加装大包围,要根据使用的实际情况来决定,只有在较为平坦且良好的道路上行驶的车辆才能加装大包围。

（2）尽可能不要选用需要拆掉原车保险杠才能安装的大包围,因为玻璃钢的抗撞击能力比较差。所以,选用将原保险杠包裹在其中的大包围就不会影响车辆的牢固性。如果一定要选用拆杠包围,可设法将原保险杠中的缓冲区移植到玻璃钢包围中,以起到适当的保护作用。

4. 汽车导流板与扰流板装饰

汽车导流板是轿车前端保险杠下方抛物形连接板。扰流板是轿车行李舱盖上后端形似鸭尾状的构件,如图2-47所示。

图2-47 车尾安装扰流板

1）导流板与扰流板的作用

（1）改善车型外观。扰流板优美的造型能使车身的流线型更加突出,使车身外部看起来更为美观。

（2）提高汽车行驶稳定性。高速行驶汽车的车轮与地面的附着力会随着车速的提高而逐渐降低,从而引起车轮发飘,使汽车行驶稳定性下降。在汽车车身的前、后端安装导流板与扰流板,可显著改善车辆的空气动力学性能,从而保证汽车的安全行驶。

2）导流与扰流的原理

法国物理学家伯努利曾证明了空气动力学的一条理论,即空气流动的速度与压力成反比。也就是说,空气流速越快,压力越小;空气流速越慢,压力也就越大,如图2-48所示。例如,飞机的机翼上面呈正抛物形,气流较快;下面平滑,气流较慢,形成了机翼下的压力大于机翼上的压力的现象,从而使飞机产生了升力。如果轿车外形与机翼横截面形状相似,在高速行驶中由于车身上下两面的气流压力不同,下面大、上面小。这种压力差必然会产生一种上升力,车速越快压力差越大,上升力也就越大。这种上升力也是空气阻力的一种,汽车工程界称为诱导阻力,这一阻力约占整车空气阻力的7%。虽然这一比例较小,但危害却很大。其他空气阻力只是消耗轿车的动力,这个诱导阻力不但消耗动力,而且还会产生承托力,从而危害轿车的行驶安全。因为当轿车时速达到一定的数值时,升力就会克服车重而将汽车向上托起,减少了车轮与地面的附着力,使汽车发飘,造成行驶稳定性变差。

为了减少轿车在高速行驶时所产生的升力,汽车设计师除了在轿车外形方面做了改进,将车身整体向前下方倾斜,以便在前轮上产生向下的压力;将车尾改为短平,减少从车顶向后部作用的负气压而防止后轮飘浮外,还在轿车前端的保险杠下方装上向下倾斜的连接板。连接板与车身前裙板连成一体,中间开有合适的进风口以加大气流度,降低车底气压,这种连接板就是导流板。在轿车行李舱盖上后端做成类似鸭尾状的突出物,将从车顶冲下来的气流阻滞后形成向下的作用力,这种突出物就是扰流板。

图2-48　车身的空气阻力

导流板可限制空气流过下部车身(使汽车下面的湍流处于最小值,并且使空气的流动阻力降低),而且使前部的车轮不致抬起。边裙引导气流离开后轮,这样可减少气流扰动和气流阻力。扰流板改变了车身后端气流的方向,减少了气流的阻力并可阻止后部车轮抬起,还有一种扰流板是人们受到飞机机翼的启发而产生的,就是在轿车的尾端上安装一个与水平方向呈一定角度的平行板。这个平行板的横截面与机翼的横截面相同,只是反过来安装,平滑面在上,抛物面在下。这样,车辆在行驶中会产生与升力同样性质的作用力,只是方向相反。汽车可利用这个向下的力来抵消车身上的升力,从而保障了行车的安全。这种扰流板一般安装在车速比较高的跑车上。目前,不少轿车也都装有导流板和扰流板,以提高轿车的行驶性能。

二、车身贴饰

车身贴饰的种类繁多,分布在车身的每个角落。大体可分为车身美观贴饰和车身保护贴饰两大类。此外,按照粘贴的位置不同,贴饰可以分为汽车腰线、车窗贴饰、发动机舱贴饰、车尾贴饰等;按照内容不同,贴饰可以分为警示文字、卡通人物、汽车厂牌、几何图形等,按产地的不同可分为进口贴饰和国产贴饰两大类。

1. 车身美观贴饰

车身美观贴饰是在车身外表贴上各种图案的装饰。这种装饰不仅能突出车身轮廓线,还能协调车身色彩,给人以丰富的联想和舒适的心理感受,使车身更加多彩艳丽。

国外的车身贴饰最早出现在赛车上,因为赛车运动需要赞助商的支持,所以,车身上五颜六色的赞助商标识就成为一种"极速广告"。其内容无外乎改装厂牌、配件商标、润滑油广告等。所以,车身贴饰很快就出现在其他车上,且由单纯的商标发展到贴花、彩条等多种图案,如图2-49

图2-49　车身贴饰

所示。质量好的贴饰使用期限几乎可以达到与车身面漆同等寿命,一些国际贴饰品牌的质量担保都可以达到8~10年。

2. 车身保护贴饰

1)车身局部保护贴饰

车身保护贴饰分布在车身容易受到磨损的部位,比如门把手对应的圆弧里,开关车门时最容易受到手指的划伤;车后门口的下部,乘员上下车时总是容易划伤该部位的车身涂层。因此,可在上述等部位粘贴透明的保护膜。

2)车身保护膜

汽车车身保护贴饰使用的保护膜,具有充分贴合车身漆面及装饰各种基材表面的属性,具有柔韧性、耐久性、抗化学腐蚀性等诸多优点。便于施工,可有效保证施工过程中面对曲折车身表面时进行准确、无缝隙、无气泡贴覆,充分保护车辆的原漆。

车身保护膜类型多种多样:有表面光亮的,也有表面带纹理的;有市场上比较流行的无色透明的,被形象地比喻为"隐形车衣";有带颜色但是无光泽的,粘贴后有亚光效果;有带颜色并有光泽的,可达到原车新漆面的效果;有炫彩效果的,粘贴到车轮轮圈或者仪表板等内饰件表面,彰显车辆的品位与个性,如图2-50所示。

图2-50 仪表板贴饰

一般的原厂车漆颜色单调,可选颜色较少,如图2-51所示。而车身贴膜可以将车身更换为自己喜爱的颜色,创造个性化汽车,如图2-52所示。另外,颜色可以任意搭配组合。

图2-51 原厂漆面　　　　　　　图2-52 粘贴车身保护膜后

3)车身改色贴膜法规约束

车身改色贴膜后,需要到车管所进行变更行驶证,完成年检。有些地区在《机动车登记规定》中已明确规定:"办理变更车身颜色、更换车身或车架的,车主不用事先向车辆管理所申请,可以在变更后直接办理登记。"不论是车身贴膜改色还是传统喷漆改色,都可以先变更颜色,后到车管所拍照变更行驶证,即可通过年检。规定还要求,更改内容超过30%后需到车管所备案,更改内容在30%以下无须备案。

三、车身贴饰的粘贴

1. 粘贴条件

(1)温度要求。粘贴彩条贴膜只能在 10~30℃ 的温度之间进行。温度过高会导致贴膜变大,湿溶液迅速蒸发;温度过低会影响贴膜的柔性,从而影响其附着效果。

(2)车身清洁。使用水和中性清洗剂将车身表面彻底清洗干净。为了使彩条能牢固地附着在车身上,车身表面必须没有灰尘、蜡质、油类和其他脏物。必要时,还应事先对粘贴部位进行抛光处理。

(3)拆卸影响粘贴的车身附件。车门把手、边灯、牌照等车身附件会影响粘贴,应该在贴饰粘贴前将其取下,并保存好。

2. 美观贴饰的粘贴

(1)测量所需贴膜的长度。将贴膜拉直,在比所需长度长 30~60mm 处剪断(这一长度可根据各人的操作习惯而定)。

(2)将贴膜的背纸撕去,并将前面部分粘到要贴的位置。

(3)抓住贴膜松弛的一端,避免手指弄脏贴膜的胶质面,因为皮肤上的油脂会影响其附着性能。小心地拉紧贴膜,但注意不要拉长。如果在粘贴时贴膜被拉长,以后就会起皱。

(4)利用车身的轮廓线作为对齐的参考线,仔细检查贴膜是否对齐。

(5)彩条对齐后,小心地将贴膜粘贴到车身表面上。一个长条要一次完成粘贴,不能分段粘贴,以保证直线的平直度。

(6)再次检查彩条对齐情况,如果彩条不够平直,要立即小心地把贴膜撕开,再重新粘贴一次。

(7)用橡皮滚子或柔软的棉布压擦贴膜。

(8)贴膜末端可使用小刀切割,注意操作时动作要轻,切勿划破车身表面涂层。

3. 车身保护膜的粘贴

(1)将中性清洗剂与清水按 1∶40 的体积比混合,该溶液可使得保护膜更容易控制,在永久黏附之前可以正确地定位。将溶液倒入塑料桶或喷雾罐中。

(2)按板件大小裁剪车身保护膜,测量时应适当加长一些(一般大 5cm 左右即可),以防出错。

(3)将背纸慢慢地撕去,小心不要弄脏带安装胶的附着表面。

(4)用清洗剂溶液将贴膜的附着表面彻底弄湿,这将使它暂时失去附着力,并在车身粘贴位置上也喷涂一些。

(5)将保护膜定位在车身上。定位好之后,将其与车身结合处的清洗剂溶液挤出来,使其牢牢地贴在车身表面上。

注意:为避免贴膜起皱,挤压时不要太快,也不要过于用力,所用的压力只要能将水和空气挤出去即可。

(6)对于产生褶皱的部位,可以用热风枪加热定型。

(7)用橡皮滚子或柔软的棉布压擦贴膜,使其粘贴更为牢固。

(8)贴膜末端可使用小刀切割,注意操作时动作要轻,切勿划破车身表面涂层,如图 2-53

所示。

(9) 保护膜的边缘部位要长于车身板件边缘 2~3mm,并向内粘贴牢固。

(10) 粘贴时按车身板件分块操作,最后将整车有漆面的表面全部粘贴上保护膜,如图 2-54 所示。

图 2-53 按车身形状裁切

图 2-54 按车身板件分块操作

第三章　汽车内饰装饰

汽车驾驶室是驾驶员工作和乘客休息的场所，随着生活质量的不断提高，人们对汽车驾驶室装饰的品位、所用材质的档次和质量以及对空间尺寸和乘坐舒适性要求也越来越高。汽车在设计时对于驾驶室部件一般都采用人体工程学的原理，并充分考虑到人的生理和心理反应来确定汽车内部构件的材料和色彩。

第一节　汽车饰品的安装

1. 汽车装饰品的安装原则(初级要求)。
2. 汽车香薰类用品的分类与产品特征(初级要求)。
3. 汽车座套的分类和产品特性(初级要求)。
4. 汽车转向盘装饰品的产品特性与安全事项(初级要求)。
5. 汽车脚垫的分类、产品特性与安全事项(初级要求)。
6. 儿童安全座椅的分类、使用方法与安全事项(初级要求)。

技能要求

1. 能选配和安装香薰除菌类用品(初级要求)。
2. 能根据车型选配和安装汽车装饰品(初级要求)。
3. 能安装汽车座套(初级要求)。
4. 能剪裁和安放汽车脚垫(初级要求)。

汽车内饰装饰内容五花八门，涉及内饰的各个方面，内饰装饰会改变汽车的风格，提升车辆的舒适性和档次，如图 3-1 所示。

一、内饰装饰原则

在布置车内饰品的时候，应遵循以下四个原则。

1. 安全性原则

安全性永远都是第一位的。车内饰品绝不能有碍行车安全，如车内顶部吊物不宜过长、过

图 3-1　内饰装饰

大、过重,后风窗玻璃上的饰物不要影响倒车视线等,如图3-2所示。

2. 实用性原则

在选择一些能充分体现个性的精巧、美观的饰品时,尽可能根据车内空间的大小,选用实用的饰物,而且一定要保证品质。如茶杯架、香水瓶、储物盒等。

3. 舒适性原则

饰品应干净、卫生,摆放有序,给人一种轻松、舒适的感觉。车内饰品的色彩和质感要符合车主的审美情趣,香水要清新,不宜太浓等。

4. 协调性原则

饰品的颜色和类型要和汽车相协调,不可盲目追求高品位、高价位的东西,以免弄巧成拙。

图3-2　过长的饰物

二、汽车香薰

汽车香薰是利用天然植物精油(香薰精油)挥发后释放出能够杀菌的物质,以达到改善车内环境、杀菌除味和提神醒脑的效果。香薰精油被设计成不同的颜色和味道,例如黄色为柠檬香、草绿色为青苹果香、粉红色为草莓香、嫩绿色为松木香、紫色为葡萄香、乳白为茉莉香、淡蓝或淡绿色为薄荷香、橘红为樱桃香等等。

1. 天然植物精油的类型

常用的精油主要有气雾型、液体型和固体型三种。

(1)气雾型车用精油主要由香精、溶剂和喷射剂组成,可分为干雾型、湿雾型等多种。这种精油里的除臭剂可以覆盖车内某些特殊异味,比如行李舱味、烟草味、鱼腥味和小动物体味等。使用时直接喷洒在车内即可,注意不能喷洒过量。

(2)液体型车用精油由香精与挥发性溶剂混合而成,盛放在密封的容器中,该种类型精油是主流产品。可以与水按一定比例调配后,使用车载香薰机进行车内香薰,如图3-3所示。

(3)固体型车用精油是将香精与一些材料混合,然后加压成型。还有一些利用芳香材料制成的车内用品,比如香味织物制成的香花、用香味陶瓷制成的艺术品等。使用时要注意摆放位置不能影响安全,并安装牢固。

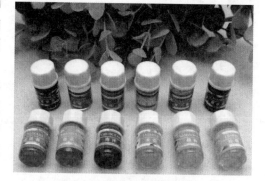

图3-3　液体型香薰精油

2. 汽车香薰机的使用

车载香薰机是一台小型的加湿器,能够充分雾化香薰精油,同时还能给车内空气加湿。使用时,首先在香薰机的储液箱内按比例(100mL水加15滴精油)加入水和精油,如图3-4所示。

将香薰机的电源插入汽车点烟器上即可使用,如图3-5所示。使用后要及时把插头拔出。

图 3-4　按比例加入水和精油

图 3-5　香薰机的使用

三、座椅装饰与安全带的检查

1. 座椅和安全带的检查

1）座椅的检查

(1) 检查座椅和头枕表面有无撕裂、破损等损伤,安装是否牢固。

(2) 检查座椅的调节装置。座椅能够顺畅地进行前后调整和靠背角度的调节。随着现代技术的发展,轿车座椅装配电动调节装置,可实现靠背和坐垫各个方向的调整。

(3) 调整座椅的位置。合适的座椅是,腿部略微弯曲即可将加速踏板、制动踏板和离合器踏板完全踩到底,同时确保手可以接触到转向盘的最高点。

(4) 调整靠背位置。将靠背移到垂直的位置,使背部完全贴到靠背上。为了降低紧急制动时或发生交通事故时驾驶员受伤的危险,切勿在靠背向后倾斜过大的情况下行车。只有靠背处于垂直状态且驾驶员已正确系好安全带时,才能发挥安全气囊系统和安全带的最佳保护作用。靠背向后倾斜越大,因安全带使用方式和坐姿不正确而带来的受伤危险也越大。

(5) 调节好头枕位置。向上调节时,用双手抓住头枕两侧向上提起到合适位置。通过向前拉或向后推调整头枕的倾斜度,最终要调整到使头枕的上沿与头顶呈一条线,如图 3-6 所示。

2）安全带的检查

(1) 检查安全带时,首先查看出口处是否有纸片等杂物,不得在锋利的边缘上摩擦。轻轻拉出要顺利没有阻碍,松手后要被迅速回卷;当突然用力向外拉时能牢牢锁住,如图 3-7 所示。损坏或因事故而拉长的安全带必须更换,更换时要到专业的维修站进行。

注意:安全带在使用时不能扭转,安全带应保持清洁,否则限位器工作将不正常。

(2) 安全带的卡紧和松开。拉住锁舌,将安全带缓慢匀速地拉出,围过胸部和髋部。将锁舌插入属于本座椅的锁扣,直至听到啮合的声响,如图 3-8 所示。并拉一下安全带,以便检查安全带是否在锁扣中锁住。

松开安全带时,用手指按下安全带锁上的红色按钮,如图 3-9 所示。锁舌在弹簧力作用下弹出。用手拿着锁舌往回送,这样安全带的自动回卷装置便能够更为顺利地把带子卷回。

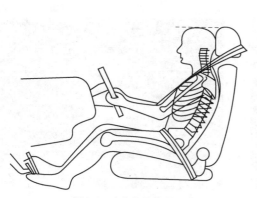

图 3-6 头枕的最佳位置

图 3-7 检查安全带

图 3-8 卡紧安全带

图 3-9 松开安全带

2. 座椅装饰

1）座椅套装饰

座椅套装饰不用对座椅进行任何改动，直接加装在座椅的外面就可以，就像座椅的外衣一样。加装座椅套主要是为了改变座椅的风格，保护座椅，提高舒适性，如图 3-10 所示。

图 3-10 布艺座椅套

2）坐垫装饰

汽车坐垫方便实用，夏天可以解暑降温，冬季可以防寒保暖。只需要简单的粘扣或挂钩就可以安装和拆卸，使用起来十分方便。好的汽车坐垫具有良好的透气能力，有利于消汗降温、透气保暖、干燥防潮，有一定的保健按摩功能，改善乘员身体局部新陈代谢，促进血液循环,消除紧张疲劳,还会减少静电的产生。

汽车坐垫按使用季节的不同分为:冬季坐垫、夏季坐垫和通用坐垫。按制造材料的不同可以分为:毛坐垫(羊毛居多)、天然织物坐垫、混纺坐垫、竹制坐垫、石制坐垫等。

(1)夏季坐垫。夏季坐垫大都采用凉爽透气的材料制成,比如:棉毛混纺坐垫、亚麻坐垫、草编坐垫、蚕丝坐垫、冰丝坐垫、竹制坐垫、石制坐垫等,如图3-11所示。

(2)冬季坐垫。冬季坐垫一般采用保暖性好的材料制成,比如各种皮毛就是良好的冬季坐垫材料。毛皮独有的奢华与尊贵,绝非其他人工材料所能比拟,还可以有效防止内室静电的产生。用皮毛制成的装饰品,高贵典雅,品味独特。但是皮毛材料容易脏污,清洗困难,使用时要注意维护,如图3-12所示。

图3-11 夏季坐垫

3.儿童座椅

一些汽车生产商为了解决儿童乘车安全问题,在成人座椅上设置了可以临时挂接儿童座椅的连接机构。此类型儿童座椅实际上就是由饰面和软垫构成的靠背、坐垫、头枕、扶手等相互连接在一起,然后用挂钩等连接在成人座椅上,如图3-13所示。按适用儿童体重的不同儿童座椅分为5级,见表3-1。身高150cm以上的儿童可以不用坐垫,直接使用车内已有的安全带。

图3-12 冬季坐垫

图3-13 儿童座椅的安装

儿童座椅分级　　　　表3-1

座椅级别	儿童质量(kg)
0	0~10
0+	0~13
1	9~18
2	15~25
3	22~26

(1)0和0+级儿童座椅。不满9个月且体重10kg以下的婴儿,或者不满18个月且体

图3-14　0和0+级儿童座椅

重13kg以下的婴儿,最适于使用可调整到躺卧位置的儿童座椅,如图3-14所示。

(2)1级儿童座椅。约4岁以下,体重在9~18kg的婴幼儿最适合坐在面朝行驶方向的儿童座椅上,如图3-15所示。

(3)2和3级儿童座椅。约12岁以下且体重在15~36kg,身高低于150cm的儿童,最好是儿童座椅和三点式安全带并用,如图3-16所示。肩部安全带部分必须大致通过肩部中间且贴紧上身,不允许勒过颈部。腰部安全带部分必须放在儿童的髋部且贴紧身体,不允许勒过腹部。

图3-15　1级儿童座椅

图3-16　2和3级儿童座椅

四、转向盘的装饰

1. 转向盘的检查与调整

转向盘是驾驶员操控汽车的主要部件。转向盘为钢铁骨架外面包上蒙皮,有的要加装各种材质的装饰条。普通轿车转向盘有三幅式和四幅式。

(1)检查转向盘是否松动和晃动、自锁功能功能是否起作用。

(2)在前排乘员和安全气囊作用范围之间不得有其他人员、宠物或物件。

(3)不要擅自检查、拆卸安全气囊,因为这样可能会对个人造成意外伤害。

(4)调整转向盘的位置。使转向盘与胸部之间的距离至少25cm,如图3-17所示。调整转向盘时一只手将转向盘下部的调整拉手提起,另一只手扶住转向盘将其调整到合适的位置,松开拉手将位置锁定。如果此距离小于25cm,安全气囊系统可能无法提供正确的保护。

(5)行驶期间一直用双手从两侧握住转向盘的外缘水平位置处。这样,在驾驶员安全气囊触发时可降低受伤的危险。绝不能握在12点钟位置或以

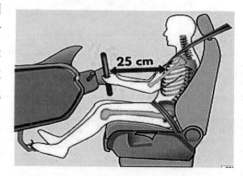

图3-17　转向盘调节

其他方式握转向盘(例如握住转向盘中部、单手握转向盘等)。否则,如果驾驶员安全气囊触发,便可能导致胳臂、手和头部受到伤害。

2. 转向盘装饰

1)转向盘套装饰

汽车转向盘套类型繁多,主要作用为保暖和保护转向盘过度磨损。转向盘套一定要与转向盘大小匹配,安装牢固,使用时不能窜动。

2)转向盘亮片装饰

(1)按转向盘外观选择合适的装饰亮片。

(2)清理安装表面。将安装表面清理干净,去除油污等,清理完成后确保安装位置干燥。

(3)试安装。将装饰亮片安装到位,查看各处是否贴合,做适当调整,用裁纸刀轻轻刮去多余处。

(4)涂胶。将专用胶水均匀涂于粘接表面(亮片粘接表面和转向盘安装表面都需要涂上胶水),在通风处放置15min。

(5)安装固定。15min 后,胶水表面基本干燥(若未干燥,可以适当延长时间),将亮片安装到位,并做固定,1h 后达到最大强度。

安装完成后的转向盘风格,如图3-18 所示。

a) 安装前　　　　　　b) 安装后

图3-18　转向盘亮片装饰

注意:

①安装固定之前必须保证胶水基本干燥,否则影响安装效果,切勿将胶水涂到油漆表面。

②转向盘和亮片上的胶水应涂匀并尽量薄一点儿。

五、脚垫装饰

1. 脚垫的类型

脚垫类型多种多样,有防水、防尘的塑料或橡胶脚垫(图3-19),也有保暖的纤维、麻毛脚垫,还有四季都能通用的丝圈脚垫(图3-20)。有些按车型地板形状开模制作,也在安装前按需要形状裁切整张脚垫。

2. 脚垫的安装

使用能保证踏板区域内通畅无阻且防滑的脚垫,在行驶期间确保牢靠地固定并且不妨碍操纵踏板。

图 3-19 塑料脚垫

图 3-20 丝圈脚垫

对于需要裁切的整张脚垫,在裁切时可以先用纸板做出模型,然后按纸板模型在脚垫上划线裁剪,以便保证安装合适、不浪费材料。

第二节 内饰的修复与更换

知识要求

1. 汽车内饰件的拆装原则和方法(中级要求)。
2. 皮革内饰的损伤与修复(中级要求)。
3. 内饰老化变色的翻新(中级要求)。

技能要求

1. 能更换汽车内饰件(中级要求)。
2. 能翻新修复有缺陷的皮革件(中级要求)。
3. 能修复翻新老化变色的内饰件(中级要求)。

一、内饰件的拆装

1. 杂物箱的拆装

1)拆卸

(1)拆下侧面盖板。

(2)打开杂物箱盖,松开紧固螺栓,如图 3-21 所示。

(3)断开线束插头,取下杂物箱,拆卸其他附件。

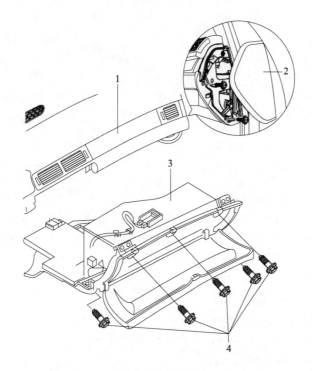

图 3-11　杂物箱拆卸
1-仪表板;2-侧面盖板;3-杂物箱;4-螺栓

2)安装

(1)安装按照拆卸的相反顺序进行。

(2)注意线束插头的连接,紧固螺栓数量较多,不能遗漏。

2.遮阳板的拆装

1)拆卸

(1)将遮阳板从内侧的固定钩中脱开。

(2)旋转遮阳板到遮阳位置。

(3)撬开螺栓帽,卸下螺栓,取下遮阳板,如图 3-22 所示。

2)安装

安装按照拆卸的相反顺序进行。

3.A 柱盖板的拆装

1)拆卸

(1)卸下车顶扶手处的固定螺栓。

(2)撬开夹子,取下盖板,如图 3-23 所示。注意不要损坏盖板和车身。

2)安装

安装按照拆卸的相反顺序进行。其他立柱护板可以参照 A 柱盖板的拆装方法进行操作。

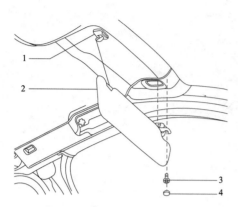

图3-22 遮阳板的拆卸

1-固定钩;2-遮阳板;3-固定螺栓;4-螺栓帽

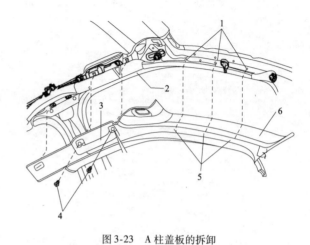

图3-23 A柱盖板的拆卸

1-固定架;2-密封条;3-车顶扶手;4-固定螺栓;5-夹子;6-A柱内盖板

4.座椅的拆装

1)前座椅的拆装

(1)将前排座椅向后推到底。

(2)拆下导轨盖板,露出固定螺栓。

(3)卸下固定螺栓,断开线束插头,取下座椅,如图3-24所示。

(4)安装按照拆卸的相反顺序进行。

2)后座椅的拆装

(1)将座椅按图中A方向抬起,再按B方向向前拉,如图3-25所示。

(2)断开线束插头,取下座椅。

(3)安装按照拆卸的相反顺序进行。

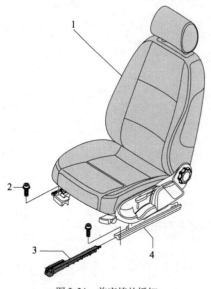

图3-24 前座椅的拆卸

1-座椅;2-固定螺栓;3-导轨盖板;4-导轨

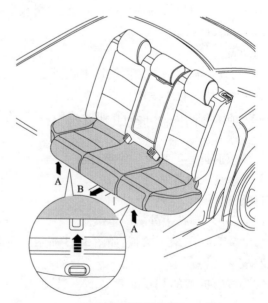

图3-25 后座椅的拆卸

3)后座椅靠背的拆装

(1)卸下座椅头枕。

(2)将后排座椅靠背向上从支架的钢丝夹中取出,如图3-26所示。

(3)安装按照拆卸的相反顺序进行。

5.车门内饰板的拆装

1)拆卸

车门内饰板的结构,如图3-27所示。

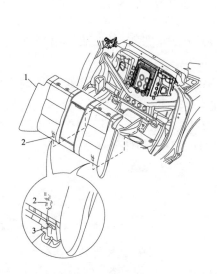

图3-26 后座椅靠背的拆卸
1-靠背;2-钢丝夹;3-支架

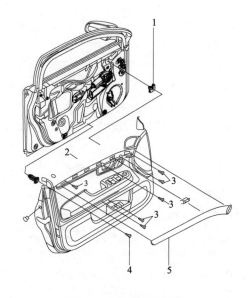

图3-27 前门内饰板的拆卸
1-卡扣螺母;2-车门饰板;3-螺钉;4-膨胀螺母;5-装饰条

拆卸流程如下:

(1)取下车门装饰条和扶手盖板,露出内部的螺栓。

(2)卸下所有的紧固螺栓。

(3)向外拉内饰板,使其与车门分离。

(4)向上抬内饰板,取下车门内操作装置的拉索,断开线束插头连接。

(5)取下车门饰板,拆卸其他附件。

2)安装

安装按照拆卸的相反顺序进行。

6.车顶内饰板的拆装

1)拆卸

车顶内饰板的结构,如图3-28所示。

拆卸流程如下:

(1)拆下左右遮阳板、车顶扶手、车身立柱内饰板和天窗盖板框架等。

(2)拆下车内照明灯、阅读灯等。

(3)卸下固定螺栓,向外下内饰板,使其与车顶分离。

(4)断开线束插头连接,取下车顶饰板,拆卸其他附件。

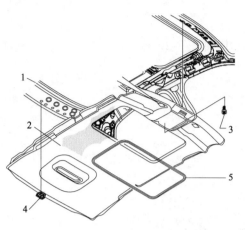

图3-28 车顶内饰板的拆卸
1-车定；2-车顶饰板；3-固定螺栓；4-卡子；5-天窗盖板框架

2）安装

安装按照拆卸的相反顺序进行。

二、真皮内饰损伤的修复

1. 工具和材料

（1）皮革修复剂，是一种独特的白色膏状混合物，通过用300℃左右的热风加热快速固化。固化物透明、韧性好、强度高。对真皮、人造革、乙烯材料的黏附性好。

（2）纹理压片。将皮革表面压出与其他部位相似的纹理。

（3）内饰改色涂料，是一类超级柔性的水基涂料，安全环保。可用于真皮、人造革、塑料、乙烯材料以及绒布、地毯等材料。有很好的黏附力，持久耐用。并且颜色大多与汽车原厂内饰配套，也可以根据配方调配出任意颜色。

2. 修复步骤

（1）将破损部位的毛边修剪整齐，做出斜坡状的茬口。

（2）使用专用的清洁剂彻底清洗表面，并晾干。

（3）用塑料、皮革预处理剂清洗化学污物。

（4）用P400～P600号水磨砂纸打磨破损处的边缘，再次用皮革处理剂清洗，晾干。

（5）填充一薄层皮革修复剂，用热风枪加热到300℃左右，至修复剂由白色变为透明为止。逐层填补，直到将破损部位填平为止。

（6）用内纹理片压制出与皮革相似的纹理。

（7）用上色涂料上色。

修复后的效果，如图3-29所示。

a) 修复前

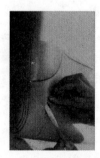
b) 修复中

c) 修复后

图3-29 真皮座椅损伤修复

三、内饰改色

转向盘、车门内饰板等处的磨损掉色是避免不了的，香水等化学用品滴漏到仪表板等部位,有可能对其造成腐蚀掉色。内饰掉色会使车辆显得很旧,暗淡无光。内饰的翻新和改色工艺可以解决这些问题。

1. 拆卸零件

将需要翻新改色的内饰件拆卸下来,车门内饰板、仪表板、A 柱内饰板、B 柱内饰板、C 柱内饰板、变速器操纵杆下装饰板、转向盘下装饰板、扶手箱等需要改色的部位拆卸下来,如图 3-30 所示。注意不要损坏板件上的卡子等安装部位。

图 3-30　拆卸需要改色的内饰件

2. 重新上色

(1)将拆卸下来的内饰板件进行清洁,并进行打磨处理。

(2)按要求喷涂内饰专用的改色涂料,并进行干燥,如图 3-31 所示。

(3)重新安装改色后的内饰板件,如图 3-32 所示。

图 3-31　喷涂改色

图 3-32　安装复原

第四章　汽车玻璃贴膜

图 4-1　影响视线的窗帘

汽车玻璃洁净明亮,透光性好,能保证驾驶员有良好的视野,保证行车安全。但是太阳光中的有害射线也会照射进来,红外线热能高,会提高驾驶室的温度,增加了空调的使用频率。紫外线具有破坏性,皮肤长期受紫外线侵害,会加速老化,严重的可引发皮肤癌和眼部疾病。同时,紫外线还可能灼伤汽车内饰,使一些皮件老化。很多车辆采用窗帘来挡光和保护隐私,但是严重影响视线,如图 4-1 所示。给汽车玻璃粘贴上汽车玻璃膜,上述的问题就迎刃而解了。

第一节　汽车玻璃贴膜工艺

知识要求

1. 汽车玻璃膜功能和种类(初级要求)。
2. 汽车玻璃膜性能指标(初级要求)。
3. 汽车玻璃膜选择和鉴别常识(初级要求)。
4. 测量工具与载具的使用方法和注意事项(初级要求)。
5. 了解拆除旧膜的工艺要求(初级要求)。
6. 裁膜的技术要点和注意事项(初级要求)。
7. 汽车风窗玻璃曲面定型的技术要点(中级要求)。
8. 常用覆膜工具的使用方法(中级要求)。

技能要求

1. 能拆除旧玻璃膜(初级要求)。
2. 能识别和选用汽车玻璃膜(初级要求)。
3. 能裁剪玻璃膜(初级要求)。
4. 能对玻璃膜预定型(中级要求)。

一、汽车玻璃膜的相关知识

1. 玻璃膜相关术语
1) 太阳光

汽车内温度的升高和内饰受到紫外线的侵害都是由太阳光引起的,太阳光中不单只有对可见光,还有我们看不到的紫外线和红外线。太阳光是复色光,复色光经过色散系统分光后,按波长的大小依次排列的图案就是太阳光谱,如图4-2所示。

图4-2 太阳光谱中的紫外线、可见光、红外线

(1)可见光(VL),波长在400~700nm。可见光是我们所需要的,并且可见光带有的热能很少,也不像紫外线那样有伤害性。

(2)红外线(IR),波长大于700nm。红外线能辐射大量的热能,能使被照射物体升高温度。

(3)紫外线(UV),波长小于400nm。紫外线是有害射线,按照波长范围的不同将其分为3种:

①UV-A,波长在320~400nm,能够到达地面,照射时间过长会导致真皮细胞变质,激活黑色素细胞,使皮肤老化,出现"老年斑"等色斑现象。

②UV-B,波长在280~320nm,部分能够到达地面,损害人类皮肤细胞中的DNA,是诱发皮肤癌的主要原因之一。

③UV-C,波长在190~280nm,基本不能到达地面,危害最大,严重的可以导致生物死亡。

2)光线的阻隔率与透过率

(1)可见光透过率,表示透过玻璃的可见光通量与太阳光入射可见光通量之比。

这项性能指标对汽车前风窗玻璃膜至关重要,因为它直接影响驾驶员的视野清晰度。公安部已明确规定风窗玻璃透光率不得低于70%。

(2)太阳能阻隔率,表示玻璃阻隔的太阳能通量与入射的太阳能通量之比,波长范围为300~2500nm。

它是衡量膜隔热性能的一个重要参数,在此要注意它和红外线阻隔率的区别。红外线阻隔率是贴膜玻璃阻隔的红外线通量与入射的红外线通量之比,波长范围为750~2500nm。在整个太阳光谱中,红外线的能量只占53%。由于入射的红外线通量小于入射的太阳能通量,所以对于同一种产品,红外线阻隔率要高于太阳能阻隔率,也就是说高的红外线阻隔率并不一定意味着高的隔热性。

(3)紫外线阻隔率,表示玻璃阻隔的紫外线通量与太阳光的入射紫外线通量之比。

2. 汽车玻璃膜的种类

1)控光膜

在汽车装饰美容中心经常能看到太阳膜、防光膜、隔热膜等等,其实这些都是控光膜的不同诠释。控光膜有如下特性:

(1)厚度一般都是20~50μm,能起到控制光线通过玻璃的作用。

(2)合格的控光膜可以挡住90%以上的紫外线和红外线。

(3)具有单向透视功能,还能控制扰人的强光、减少眩光,使人的眼睛更舒适。

2)安全膜

20世纪90年代中期出现了把控光膜和一层抗冲击的薄膜结合到一起的新产品,这种膜既有控光膜的隔热、防紫外线的作用,同时又把防止玻璃易破碎的能力提高了,这就是安全膜。安全膜的厚度在150μm以上,玻璃抗冲击能力将会成百倍提高。防爆膜实际上说的是安全膜里最高端的产品。

2007年末,中国标准化协会在《中国标准化》杂志上正式公布了《玻璃安全膜技术规范》(CAS 140—2007)。《玻璃安全膜技术规范》建立了"玻璃安全防护"的基本概念,针对实际生活中玻璃最常发生危害的三种情形,将玻璃安全防护分为三个等级,不同等级的安全膜分别对应一种危害情形。三个级别和对应实际情形分别是:

(1)A级安全膜,防意外事故级。抗冲击指标50J。检测指标为1.0kg实心钢球,5m自由落体,不得贯穿3mm钢化玻璃。或者260g实心钢球,5m自由落体,80%的概率下不得砸裂3.0~4.0mm钢化玻璃。

在老式建筑物最常见的3mm普通玻璃上安装A级安全膜后,能够达到防范意外事故的功效,包括人奔跑时撞到大面积玻璃上不会因玻璃破碎而划伤,车辆在碰撞、剐蹭甚至倾覆时,玻璃安全膜强力支撑车窗玻璃,保持车窗刚度,减小因车窗变形挤伤乘员的概率。该级别的安全膜能使3mm厚度普通玻璃达到和超过12mm夹层玻璃的安全指标。

(2)B级安全膜,防盗级。抗冲击指标200~300J。检测指标为2.3kg实心钢球,12m自由落体,不得贯穿5mm普通玻璃。或者260g实心钢球12m自由落体60%概率下不得砸裂玻璃。

在新住宅、商业建筑物和部分车辆最常见的5mm厚度普通玻璃上安装安全膜后,能够达到防盗玻璃的功效,在多次强力砸击下保持玻璃完整和刚性。这是参照国际上的防盗标准,它的依据是一个健壮的人双手拿着一个重器反复砸玻璃5次,看玻璃能否被砸坏。玻璃贴膜后要求砖石、金属器械抛掷物不能贯穿玻璃,保证室内人员在非法骚扰和攻击时安然无恙。该级别的安全膜能使5mm厚度普通玻璃达到和超过18mm夹层玻璃的安全指标。

(3)C级安全膜,防弹级。抗冲击指标500J。能有效抵御64式手枪在3m距离对6mm厚度普通玻璃的射击。

在越野车和特殊建筑物较常见的6mm厚度普通玻璃上安装安全膜后,能够达到防64式手枪近距离(3~10m)射击的防护效果。该级别的安全膜能使6mm厚度普通玻璃达到22mm厚度防弹玻璃的安全指标。

3.汽车玻璃膜的结构

汽车膜是通过溅射技术在基材上实现多层不同的金属沉积于同一层面上,层层叠加,能形成均匀的颜色和光线的高水平选择性透过特性。

玻璃膜的基础是聚酯薄膜,它是以纤维级的聚酯切片为主要原料,采用先进的配方,经过干燥、熔融、挤出、铸片和拉伸而成的高档薄膜,利用深层染色技术,将染料注入聚酯薄膜基片中。或者利用真空镀铝、磁控溅射技术生产出全金属化膜。聚酯薄膜被染成各种颜色,可以减少炫目强光和阻止褪色,透明或染色的聚酯薄膜被注入紫外线吸收剂,能增加膜阻隔紫外线的特性。将防划伤涂层和保护膜也加入膜的结构中。最后经过裁割、分卷、包装制成成品玻璃膜。玻璃膜制造流程,如图4-3所示。

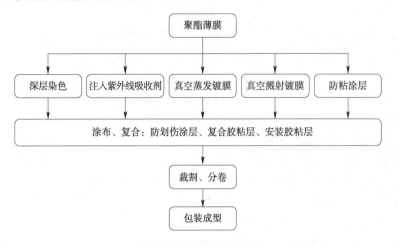

图4-3 玻璃膜制造流程图

1)劣质玻璃膜的结构

对于低成本染色膜和低成本金属膜等质量低劣的玻璃膜来说,膜和安装胶里基本没有紫外线吸收剂等用于防护紫外线的技术,并且褪色很快,抗刮伤性能也不好。低成本玻璃膜的结构,如图4-4所示。

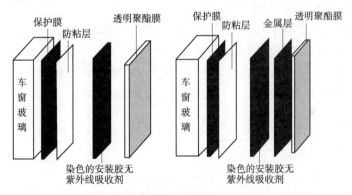

图4-4 低成本染色膜和低成本金属膜结构

2)高质量玻璃膜的结构

对于高质量的玻璃膜来说,在膜和安装胶上都采用紫外线吸收防护技术,严格控制紫外线的通过率,并且防刮伤性能良好,经久耐用,正常使用可以保证5～8年不会出现质量问题。高质量玻璃膜的基本结构,如图4-5所示。

4.汽车玻璃膜的特性

1)阻隔特性

热传导有辐射、传导、对流三种形式。汽

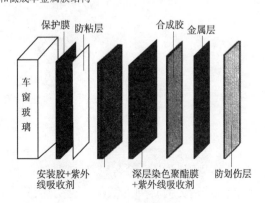

图4-5 高质量玻璃膜结构

车玻璃膜主要是利用辐射和对流的形式来隔热,防止的主要是太阳的辐射热,还能够阻隔紫外线,防止内饰老化损伤。

2)防炫目特性

汽车玻璃膜能控制透过光线的强度,防止扰人的强光照射眼睛。尤其是在下午正对太阳行驶的时候,汽车膜防炫目的作用就更明显了。

3)单项透视特性

有些汽车玻璃膜在制造的时候采用特殊的工艺,使膜具有了单向透视的功能。这种汽车玻璃膜粘贴到车窗上后,在车外看不到车内的情况,但是在车内能够清楚地看到车外的景物。需要注意的是,玻璃膜的单向透视性有随光改向性,就是单向透视总会透向光线强的一面。也就是说,如果车内的光线比车外弱的,则不能看清车内;相反,如果车内的光线比车外强,则在车内会看不清车外情况。所以在晚间开车的时候一定不要打开车内的灯光,这样会对行车安全造成严重影响。

4)安全特性

汽车玻璃膜在玻璃破碎的情况下,能够保证玻璃碎片不脱落、飞溅,防止伤人。同时,玻璃膜的高端产品安全膜,还具有很好的安全防护性能。

5)收缩特性

汽车膜的基片是由通过拉伸成型的长链高聚物复合而成,在成型过程中,长链高分子会沿拉伸方向定向排列。一旦再次受热,长链高分子就会收缩恢复到未拉伸的状态,这就是汽车膜加热成型的原理。

(1)收缩方向。汽车膜的纵向也叫机器边方向,即膜的卷起方向,是主要的拉伸方向。一般来说,膜的收缩只能沿着这个方向。任何与机器边方向垂直的皱褶都可以很好地收缩。因此,一定要区分汽车膜的机器边方向和幅宽方向,正确地铺放和裁切汽车膜,为进一步的加热成型做好准备。正确的排布方向,才能使玻璃膜热成型,如图4-6所示。

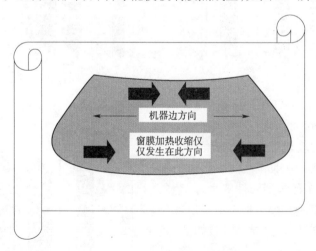

图4-6 正确排布

(2)幅宽方向。顾名思义,就是与机器边方向垂直的横向,该方向玻璃膜基本不能拉伸。而沿机器边方向排列的皱褶一旦受热,只会进一步拉伸变形,变得更难对付。错误的玻璃膜排布方向,玻璃膜不会收缩,如图 4-7 所示。

5. 汽车玻璃膜质量的鉴别

1) 劣质产品的危害

劣质玻璃膜往往不经过环保检测,在安全方面存在诸多隐患。在玻璃膜产品的生产过程中,要用到甲醛和苯等基本溶剂。正规产品,虽然制造过程中使用了这些溶剂,但是在收尾的时候,会把它们重新提取出来。而假冒伪劣产品则没有这个工艺流程,成品膜上会有大量溶剂残留。将这种玻璃膜贴到汽车玻璃上,会对人体造成伤害。

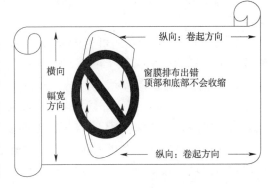

图 4-7 错误排布

阳光中真正有危害性的光线是紫外线,而不是红外线。红外线热能高,紫外线就不同了,它是有害射线,照射的时间长了,被照射的部位会感觉到疼痛,甚至脱皮生斑。劣质玻璃膜产品只是把红外线挡住,而不阻隔紫外线。这种玻璃膜贴到玻璃上以后,隔热效果很好,但是时间一长,手上、胳膊、脸上的皮肤仍然会变黑,甚至会感觉到疼痛,以致脱皮。这些都是劣质玻璃膜没有紫外线阻隔功能造成的。

再有,劣质的玻璃膜根本不具备安全性,贴上它以后甚至会增加玻璃破碎时的伤害。

2) 正品的鉴别方法

(1) 观察法。膜和其他产品一样,正品往往很细腻、光滑、质地均匀,用手触摸质感很强。假冒伪劣产品则黯淡、粗糙、没有光泽。正品透光率极高,甚至可以达到 95%。

(2) 灯光检查法。检查时将膜粘贴到玻璃上,用高瓦数的浴霸灯来照射检验不同档次太阳膜的透光性、隔热性和单向透视性。玻璃膜隔热性的好坏一目了然,如图 4-8 所示。

(3) 检查安装胶层。检查安装胶层可以通过检查其黏性、味道、是否掉色等来判断玻璃膜质量的优劣。

图 4-8 不同汽车膜的隔热性对比

① 检查安装胶的黏性。取一块 5 寸相片大小的样品,把衬膜撕开,用手指粘上去以后甩不下来,说明膜的胶层性能好。

② 闻安装胶的味道。撕开保护膜,高质量的玻璃膜安装胶没有刺鼻的异味,而劣质的玻璃膜,撕开保护膜以后会有刺鼻的味道。

③ 检查是否掉色。太阳膜通常是采用本体渗染和溅射金属着色的方法令膜有颜色,本体渗染使膜有颜色的称自然色膜,溅射金属使膜具有金属色的称为金属膜,采用这两种方法着色的膜是不易褪色的,尤其是金属膜。但市场上很多低档劣质膜,大多采用粘胶着色的方法来着色,那就是在粘胶中加入颜料,然后涂在无色透明膜上使膜有颜色,称染色膜。这种膜靠颜色的深浅来隔热,隔热效果差,不耐晒且很易褪色,褪色后便无隔热功能。区分这些不同着色方法的膜,只需在膜的安装胶上喷些化油器清洗剂就可令其掉色。

6.汽车前风窗玻璃膜的特殊要求

我国 2012 年 9 月 1 日开始实施的《机动车运行安全技术条件》(GB 7258—2012)对汽车玻璃膜有相关规定:

(1)汽车前风窗玻璃的可见光透射率不允许小于 70%。所以汽车玻璃前风窗要贴膜,必须贴透率达到 90% 以上的膜,才能保证总透光率超过 70%,才能达到安全的标准。

(2)所有车窗玻璃不允许张贴镜面反光遮阳膜。无论是满足隔热防紫外线等控光要求,还是要防范意外事故,抵御非法侵犯,要采取措施就必须保证前风窗玻璃具有足够的透光性。所贴膜应以视线清晰、不增加风窗玻璃的反光和不影响驾车安全为首要前提。

汽车前风窗玻璃膜在达到国家规定透光性的前提下,还要保证良好的控光性和安全性,所以前风窗玻璃膜绝对不能用其他膜代替。

二、贴膜工具

贴膜施工时要用到很多工具,其中大部分是贴膜专用工具,如各种各样的工具包,有的做成围裙式、有的是一个精致的手提箱。里面的贴膜工具多达三十几件,能解决贴膜施工时遇到的各种问题,并且专用工具都是专门针对膜和玻璃的防损保护而专门设计的。按这些工具的用途不同分为保护工具、清洗工具、裁膜工具、热成型工具和排水工具。

1.保护工具

(1)保护膜。防止内饰部件和车身被清洗液和安装液淋湿,或液体残留而产生难以去除的污渍。

(2)毛巾。用来保护仪表板、座椅等内饰。垫放工具,防止工具划伤和吸收流淌下来的清洗液和安装液。

2.清洗工具

(1)水壶。盛放玻璃清洗液和安装液,使用时能产生一定的压力,将液体喷出,还可以调节喷雾形状。

(2)铲刀。清除玻璃上的顽固污渍和残留的粘贴物,如图 4-9 所示。

3.裁膜工具

(1)裁切剪刀。用来裁剪玻璃膜、修饰形状、分离保护膜。玻璃膜的裁切是在车窗玻璃上直接进行的,为了精确地裁出玻璃膜,同时又不划伤玻璃,必须掌握正确的持刀方法。

(2)测量尺。用来测量车窗和膜的尺寸,便于粗裁、裁膜时取直。

(3)裁膜工作台。用来摆放玻璃膜和玻璃膜粗裁时的操作台,要求平滑且不能过硬。

4.热成型和排水工具

(1)热风枪。加热玻璃膜,使其收缩变形,达到与玻璃一致的形状。还可以将玻璃上有用的粘贴物加热,以便于取下,如图 4-10 所示。

(2)橡胶刮水铲。刮平玻璃膜,可以在成型时使用,也可以在贴膜时用于排水,如图 4-11 所示。

(3)橡胶刮板。用来排水,如图 4-12 所示。

(4)小号塑料刮板。贴膜时辅助玻璃膜插入密封条内,彻底排水,如图 4-13 所示。

(5)大号塑料刮板。刮平玻璃膜、玻璃膜加热收缩后辅助成型、玻璃膜排水、清洁玻璃。如图4-14所示。

图4-9　铲刀

图4-10　热风枪

图4-11　橡胶刮水铲

图4-12　橡胶刮板

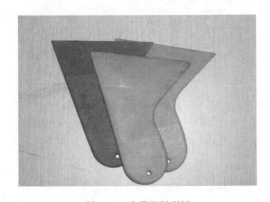

图4-13　小号塑料刮板

图4-14　大号刮水板

5. 清洗液和安装液

清洗液和安装液是用于玻璃的清洗和安装，专用的清洗液和安装液能保证玻璃膜的安装质量。

1）清洗液

现在市场上有很多门店使用其他的清洗用品替代玻璃膜清洗液，施工质量无法保证。几种不同的清洗用品对玻璃膜黏结强度的影响，如图4-15所示，选择时要慎重。

其中,清洗液对于分解去除玻璃表面及微孔中的油渍污渍具有独特功效,能够去除玻璃的油迹、蜡或其他比较难清洗的污渍。清洁的玻璃表面能够极大地增强安装液的润滑效果,清洗液要按使用说明规定的比例稀释后使用。

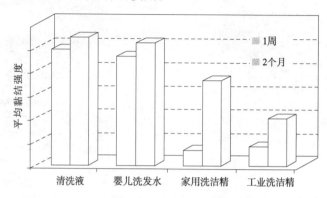

图 4-15　不同的清洗用品对玻璃膜黏结强度的影响

2)安装液

便于玻璃膜的滑动定位,其成分类似于婴儿洗发水,但是不含甘油、香精、色素及其他多余添加剂,因而不会影响安装胶的化学组成及车膜中金属层的长期稳定性,使玻璃膜与玻璃达到最大黏结强度,安装液要按使用说明规定比例稀释后使用。

注意:旧清洗液和安装液的沉淀物和小颗粒会造成玻璃膜和玻璃之间的斑纹和畸变点,因此应每天清洗容器瓶并更换溶液。

三、玻璃膜下料工艺

1. 下料要点

(1)测量玻璃尺寸时,一定要在玻璃外表面测量。若要利用模板进行下料,也一定要在玻璃外侧制作模板。

(2)在玻璃膜上测量尺寸,或者利用模板裁切玻璃膜时,一定要在有保护膜的一面测量。

2. 玻璃膜裁切工艺

(1)裁切玻璃使用的刀具硬度要适中,刀尖部位要光滑无毛刺,保证能整齐裁切玻璃膜而不能划伤玻璃。

(2)裁膜时,刀具的工作部位集中在刀尖,一般连续裁切 3~4m 后,就要掐断旧的刀尖部位。

(3)裁膜时,刀具要尽可能放平,用力要适中,沿着裁切方向向后拉,而不是向前顶着推,如图 4-16 所示。采用这样裁切手法,能保证裁膜边缘整齐,并且不容易损伤玻璃。

(4)裁膜的起点一般选择在直线与圆弧交接部位,中间尽可能不要停顿,最好一刀成型,尤其是圆弧部位,更不能断断续续地裁切,否则很容易形成锯齿状边缘,如图 4-17 所示。

(5)侧窗玻璃或以橡胶条固定的风窗玻璃裁膜时,一般以玻璃外表面与橡胶密封条的边缘为边界进行裁切,如图 4-18 所示。

(6)粘接式的风窗玻璃外缘一圈有黑色釉点,这时最好以釉点的内缘为边界进行裁切,如图 4-19 所示。无论为哪种玻璃裁膜,为了获得最佳外观效果,在裁膜时可以采用一个人在车内用荧光灯向外照射的方法,来保证裁膜的准确性。

图 4-16 裁膜刀的角度

图 4-17 圆弧部位的裁切

图 4-18 侧窗玻璃裁膜

图 4-19 有釉点玻璃的裁膜

(7)进行裁膜练习时,可以先用报纸代替玻璃膜,先在报纸上利用模板画出图形,再按要求裁切,反复练习,逐步掌握裁膜的基本要领。

四、玻璃膜热成型工艺

1. 热风枪的使用

(1)热风枪上有加热开关,并分加热挡位,用来调节加热速度。

(2)有些热风枪上还有一个温度调节旋钮,可以设定和调节烘烤温度的高低,如图 4-20 所示。在烤膜时,一般把温度调节到 200℃左右就可以了,出风口处的即时温度通过显示屏显示,便于操作者及时调整,如图 4-21 所示。

(3)在使用热风枪加热时,注意出风口不要与被加热表面垂直,防止热风回流而造成热风枪损坏。在烤膜时热风枪一般都保持 45°角左右,并且要不断移动,当膜有收缩现象时马上将热风枪移开。

(4)热风枪出风口与被加热表面不要距离太近,以免损坏设备和玻璃膜,甚至造成汽车玻璃的损坏。

2. 烤膜工艺

(1)需要热定型的膜在裁切时一定要竖裁(也就是说玻璃的横向与膜的卷曲方向一致)。

(2)定型时将玻璃膜的保护膜朝外,铺于曲面玻璃的外侧,在玻璃膜和玻璃之间洒上安装液,用刮板将形成的褶皱调整为竖向的。

图 4-20　调节温度旋钮

图 4-21　温度显示

注意：裁膜方向与褶皱调整方向要正确，否则窗膜不会收缩。

（3）湿烤膜工艺。采用温度可调的热风枪对玻璃膜进行加热，一边加热一边用塑料刮刀挤压玻璃上的气泡和水，使玻璃膜收缩变形，直至与玻璃的曲面完全吻合。并且加热要均匀，不要过分集中，否则温度太高有可能造成玻璃开裂，如图 4-22 所示。

（4）干烤膜工艺。使用湿烤法的时候，由于水的存在，膜会出现不均匀收缩现象，极易造成皱褶。湿烤法操作时间长，而且局部的集中加热容易导致玻璃破碎。干烤工艺使用专用的干烤粉（图 4-23）代替水来进行窗膜的成型，能有效避免玻璃的破裂和其他问题。

图 4-22　湿烤热成型

图 4-23　干烤粉

五、玻璃膜排水工艺

1. 刮水

刮水的目的在于通过去除玻璃表面的污水，达到清洁玻璃的作用。因此，刮水工具为带有软胶条的刮水板，它的胶条柔软平整而光滑，可以贴合玻璃表面，以便清洁黑色釉点区域、去雾线及其他表面凹凸区域，并且即使有杂质颗粒，也不会造成玻璃表面划伤，如图 4-24 所示。

2. 挤水

挤水的目的在于通过去除窗膜下面的液体达到缩短干燥周期、提高黏结强度的效果。所以挤水工具应为坚韧、锋利、有弹性的挤水铲，它能最大限度地挤去安装液，提高工作效率，如图 4-25 所示。

图 4-24　刮水操作

图 4-25　挤水操作

注意：用力方向的把握，刮水板的用力方式为"拖"，挤水板的用力方式为"推"，刮水与挤水次序与路径要重叠有序地进行。

第二节　汽车玻璃贴膜施工

知识要求

1. 覆膜的操作工艺流程（中级要求）。
2. 覆膜的技术要点和注意事项（中级要求）。
3. 玻璃膜粘贴后的缺陷和解决方法（中级要求）。

技能要求

1. 能粘贴侧窗玻璃膜（中级要求）。
2. 能粘贴大弧度的风窗玻璃膜（中级要求）。
3. 能排除玻璃贴膜后产生的缺陷（中级要求）。

汽车玻璃形状不规则，尤其是前后风窗玻璃都有较大的弧度，同时汽车玻璃的安装方式有可移动的，也有固定式的。这就给玻璃膜粘贴施工带来很大的难度，在掌握玻璃膜基本施工工艺的基础上，才能进行汽车玻璃膜的粘贴操作。

一、汽车侧窗玻璃贴膜

从玻璃膜的选择、到玻璃膜的粘贴、再到交车，构成了玻璃膜施工的整个工艺流程。具体的施工工艺会根据不同的玻璃膜产品而有不同，基本的工艺流程如图 4-26 所示。

1. 内饰和外部的保护

汽车内饰的保护尤为重要，否则清洗玻璃的溶剂会弄脏内饰及渗进汽车的电控系统而导致开关失灵甚至局部短路，所以必须仔细做好车辆的外露电控开关和音箱的保护。方法为把较厚的浴巾遮盖在仪表板和后盖板上，车门内饰板、座椅、转向盘等也要做好适当防护。车身的外部也需要适当的防护，以免刮伤漆面，如图 4-27 所示。

2. 粗裁膜

1）测量车窗尺寸

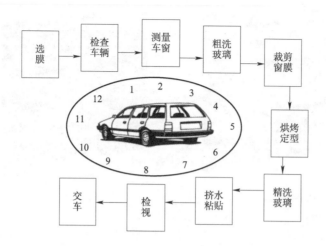

图 4-26　贴膜流程

侧门窗顶部裁膜尺寸要大于原车窗玻璃边缘尺寸 5cm，左右两边要大于原车玻璃边缘尺寸 1cm，底部在上膜时预留 1～2cm 的余量，如图 4-28 所示。有时为了工作方便也可以利用车窗形状的模板进行粗裁膜。

图 4-27　仪表板保护

图 4-28　测量车窗尺寸

2）下料

下料时一定要注意以下两点：

（1）确定侧门窗玻璃要定型烤膜时，裁膜一定要选择竖裁，即玻璃长边的尺寸与膜的卷起方向一致。

（2）在膜上施工时一定要在有保护膜的一面进行，否则裁下来的玻璃膜形状会与玻璃形状相反。

3. 清洁

1）清洁玻璃密封条

风窗玻璃密封条有两种类型：胶边和毛边。

（1）胶边的两种清洁方法：用吹气风枪吹出藏于密封槽内的沙粒、杂物；或者向密封槽内喷洒适量的清水，用直柄塑料刮板直接清理内槽。

注意：刮板要包覆一层擦蜡纸，不要在一个方向来回擦拭，以免沙粒污垢黏附于擦蜡纸后又被带回槽内，每刮一次要变换擦蜡纸的清洁面。

(2)毛边的两种清洁方法:用2cm宽的美纹纸贴住密封槽边上的内毡毛;或者将喷壶嘴调至最小出水量喷洒少量清水在毡毛上,使毡毛稍微湿润,粘住毛体。

2)玻璃外侧的清洁

在外侧玻璃上喷洒清洗液,用手摸抹一遍,因为人手的敏感度最强,能感触到稍大的尘粒,遇到黏附较牢的污垢可用钢片刮刀清除,其他部位用擦蜡纸清理,如图4-29所示。

4.定型和修边

除个别车款,侧窗太阳膜基本上不需要加热预定型,可直接覆在玻璃外侧上压刮定型。

将汽车膜平铺于玻璃外表面,保护膜朝外,注意玻璃膜边缘要平行于外部底边压条,并确保有足够余量(3~6mm)低于车内压条。换上崭新刀片,在汽车膜两条边的夹角处将刀片的头部刺入,刀片顶端靠住现成边框,利用窗框或胶条作为引导进行切割。下部裁切完成后,将膜滑动到合适的位置,使用硬片挤水工具,在汽车膜上挤刮几下固定住整个膜,小心地将膜从底部揭起,然后降下车窗玻璃,露出车窗玻璃顶部利用玻璃的边缘进行顶边裁切。玻璃膜完全修整完成后转移到裁膜案板上,进行最后的修边,如图4-30所示。

图4-29　清洁玻璃外侧

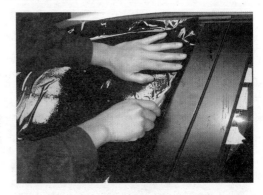

图4-30　修边

5.清洁玻璃内侧

玻璃的内侧面为真正的贴膜面,清洁一定要彻底,应按下列要求反复清洁。

(1)先对车厢内部空间喷洒细微的水雾,使空气中的尘埃沉聚下来,减少座椅和地板扬尘。

(2)在玻璃上喷洒清洗液,然后用手抹,检查和剔除稍大的尘粒,对于黏附较牢的污垢和撕下的贴物残胶可用钢片刮刀去除,用硬质的直柄塑料刮板自上而下,由中间向两边清除玻璃上的灰尘,每刮扫一次必须用干净的擦蜡纸去除刮板上的污物。整幅玻璃每刮扫一遍,要用清洗液喷洒一次,最后用刮板刮除积水,确认玻璃已十分光滑干净,"一尘不染"时才可进行贴膜,如图4-31所示。

6.剥离保护膜

在玻璃内表面清洗完成后,将玻璃膜的保护膜撕开,用安装液喷洒暴露的安装胶。这样安装胶会临时失去黏性,允许玻璃膜在干净的玻璃内表面平稳地滑动。喷完安装液以后,再将保护膜贴到玻璃膜上,防止沾染灰尘和杂物,如图4-32所示。

7.玻璃膜的铺贴

侧风窗玻璃的性能有两种:防水玻璃(奔驰、宝马等)和不防水玻璃(多数普通车款)。

上膜时,由于防水玻璃在喷水后水珠不会附着,水分流失快,故宜采用由下向上贴法(好处是下端积聚水分较多,利于膜的移动)。不防水玻璃由于喷水后水珠附着,水分流失慢,故通常采用由上向下贴法,优点是能有效避免沙粒沾到膜上。

图4-31 清洁玻璃内侧

图4-32 剥离保护膜

一般上膜多数采用由上至下贴法。首先在玻璃内表面也喷洒安装液,撕掉保护膜,将膜整个揭起,尽量准确地安放在玻璃内侧并滑动到理想的位置,如图4-33所示。

8. 排水

在每片玻璃膜稳定于最终位置后,应立即在玻璃膜表面再次喷洒安装液,润滑需挤水的表面,同时把保护膜粘贴到玻璃膜的背面。专用的挤水工具可用于排除所有气泡和尽可能多的安装液。几天后,残留的水分慢慢地透过玻璃膜而排除,玻璃膜干燥的时间依气候、湿度、玻璃膜的结构和挤水后残留水分的多少而不同,如图4-34所示。

图4-33 铺贴玻璃膜

图4-34 排水

9. 清洁和检查

当安装工作完成后,应仔细地擦洗一遍所有的风窗玻璃,去除条纹水迹和污迹,给整个汽车光亮的外观,如图4-35所示。需要查看和解决的问题:若有气泡或微小的地毯纤维,可使用专用硬质刮水板沿某一边缘排除,如图4-35所示。

10. 移交

把汽车擦净后驶到室外,进行最后的视觉检查。在日光下检查没有任何缺陷后,准备将车交给客户,并向客户解释质量保证程序和基本的维护说明。贴膜完毕一至三天内不要摇下车窗,不要清洗内侧车窗,就能达到令人满意的施工效果。

二、汽车前后风窗玻璃贴膜

1. 前后风窗玻璃的贴膜

前后风窗玻璃的贴膜基本流程与侧窗一样,只是由于几乎所有前后风窗玻璃都有不同程度的球形弯曲,将妨碍玻璃膜在玻璃上的铺平,产生褶皱。早期弯弧玻璃需要多片贴膜拼接,这样接缝处会不美观。后改进为在电热丝处裁开,切口比前者隐蔽,但是操作时很容易把电热丝切断,使汽车失去除霜去雪的功能。

图4-35 修饰

目前,市场上流行的是热整形方法,可以保证整张粘贴前后风窗玻璃膜。所以贴膜时的技术难点就是热成型,也就是说将平面的玻璃膜,通过加热定型的方法加工成与玻璃球面形状一致。

球面明显的汽车前后风窗玻璃热成型时,首先要保证膜的质量好,贴膜技师的技术水平高超。有时还需要进行多次热成型,才能使膜与玻璃形状一致,如图4-36所示。

图4-36 玻璃的弧面很大需二次成型

2. 黑色釉点区域的处理

风窗玻璃内侧的黑色陶瓷釉点区域增加了施工难度。在安装过程中,随着安装液的蒸发,会在黑色釉点区域出现白边的现象,这是由于胶脱离了膜层而造成的。为了避免这种现象,可以先让膜干燥约1h,再用白尼龙擦包裹硬挤水板,最后再包上一层纸巾,均匀有力地挤压贴膜的黑色釉点区域。也可以用刀片刮平,注意使用刀片时要十分小心,防止刮坏其他部位。

三、贴膜缺陷处理

1. 气笋

窗膜排水后仍然存在像竹笋尖端一样的气泡,不与玻璃贴合,如图4-37所示。

1)形成原因

(1)排水不彻底。

(2)窗膜成型不好,成型时没有保持与车窗形状一致,就急于粘贴。

2)解决方法

(1)进行排水处理。

(2)轻微加热,并用刮板压实。

(3)在边缘部位进行固定,防止气笋重新出现。

2. 褶皱

窗膜褶皱,内部粘在一起,无论如何刮平都无法消除,如图4-38所示。

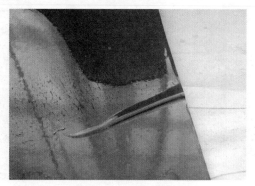 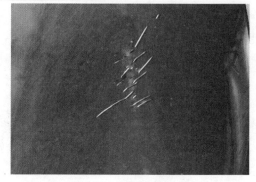

图4-37　玻璃膜气笋缺陷　　　　　图4-38　玻璃膜褶皱缺陷

1）形成原因

（1）热成型过度，窗膜被烤焦。

（2）排水手法不正确，使窗膜褶皱。

（3）剥离保护膜或铺贴窗膜时不小心，造成窗膜褶皱。

2）解决方法

换新膜，重新粘贴。

3．边缘不齐

窗膜边缘与玻璃边缘距离不等，呈锯齿状或波浪状，如图4-39所示。

图4-39　玻璃膜边缘不齐缺陷

1）形成原因

（1）裁膜时不细心，下刀不稳，下刀方向不对。

（2）裁膜刀过钝，撕扯窗膜。

2）解决方法

（1）进行精细修整。

（2）若修整后效果依然不好，或者边缘过大，则换新膜，重新粘贴。

（3）边缘留下1～2mm的微间隙，只有这样才能既美观又防止卷边。

4．划破窗膜

窗膜在排水时被划出孔洞，如图4-40所示。

1）形成原因

（1）排水工具没有磨光、磨平，有尖锐突出部位。

(2)玻璃没有清洗干净,有沙粒等杂物。
(3)排水时不细心,工具刮坏窗膜。
2)解决方法
(1)换新膜,重新粘贴。
(2)排水工具要精心处理,刃口部位不能尖锐突出。
(3)排水时要顺着玻璃的弧度施工。

5.夹入杂物

窗膜与玻璃之间有异物夹入,这种缺陷是最普遍的。形成原因多种多样,在整个贴膜过程中,任何一个环节没有注意都可能造成杂物加入。常见的形成原因和解决方法归纳如下:

图4-40 玻璃膜划破缺陷

(1)工作环境的原因。许多贴膜场所不能保证密闭,周围的人与车激起许多灰尘,风速较大时也有灰尘。因此,若贴膜时没有密闭空间则必须关闭所有车门。

玻璃洗好之后或拆开保护膜时不可让车外人员开关车门,有时用力关门会造成空气快速流动而带入大量灰尘或沙粒。

贴膜的工作场所要进行除尘、防静电处理,以保证工作环境清洁。

(2)施工人员自身的原因。拆开玻璃膜透明部分的保护膜时会产生静电,如果贴膜时所穿的衣服是毛料,或是沾有棉絮灰尘的衣服,此时衣服上的棉絮或羊毛等杂质会被静电吸附到膜上面。

注意:贴膜时,不准戴线手套施工。

(3)使用的清洗用品。70%以上的施工人员直接使用未经过滤或沉淀的自来水贴膜,这样做是不正确的。因为自来水管里有许多杂质或沙粒,有时更换水管管路也会影响水质。因此,贴膜时所用的水一定要经过过滤或沉淀,并要保证清洗液的洁净。

6.贴膜后车窗雾蒙蒙

贴膜后车窗雾蒙蒙是膜在干燥过程中的一个正常现象,是由于安装液没有完全挥发造成的,对于磁控溅射膜以及安全防爆膜,这种现象更为突出。一般来说,这种现象会随着时间慢慢改变,最后完全消失。当然这也要取决于膜的种类,环境的温度、湿度,温暖干燥的气候以及太阳的直射都会加速膜的干燥过程。对于贴膜施工人员而言,要注意正确的挤水方法,尽可能地挤掉安装液,缩短干燥时间。

7.贴膜后汽车玻璃出现破裂

这是由多种原因造成的,总结起来主要是以下几点:

首先,玻璃的破裂是难以避免的。有的人认为这是由于玻璃中的硫化镍造成的,还有人认为玻璃在钢化过程中会产生微裂纹,当温度下降,玻璃内的热应力就会使微裂纹发展成为裂纹,最终破裂。

其次,极有可能是由于未使用专用不锈钢刀裁膜造成的。有人认为不锈钢刀片就是不生锈,其实这并不是使用它的主要原因。一般的碳钢刀片会划伤玻璃,当温度下降,划伤的部位就会进一步发展引发玻璃的自爆。因此,贴膜施工人员应该使用专用不锈钢刀片,并掌握正确的用刀方法。

最后,热风枪的不当使用也会造成玻璃的破裂。从热风枪中产生出来的空气最高温度可以达到650℃,几乎等于玻璃钢化时的热处理温度。因此,当玻璃在该温度下过度加热,然后缓慢冷却,受热部位就会恢复到未钢化前的状态,从而削弱了玻璃强度。当温度变化引起热应力,最终就会造成玻璃的破裂。

总之,汽车钢化玻璃的破裂是由多种原因造成的。对于贴膜安装人员而言,一方面要使用专用不锈钢刀片,并掌握正确的方法;另一方面,当使用热风枪时,注意加热温度的控制,加热过的玻璃以不烫手为宜,干烤不失为一种安全理想的加热方式。

第五章　汽车电子产品装饰

从生产线下来的"千篇一律"的汽车产品,已经很难满足当今车主追求安全、舒适的要求。加装各种汽车电子产品,用以提高车辆的安全性和驾乘的舒适性就成了首选,例如倒车辅助系统、防盗器、行车记录仪和导航、车载音响系统等。

第一节　汽车防盗报警装饰

1. 汽车防盗装置的类型和特点(中级要求)。
2. 汽车电子防盗器的组成(中级要求)。
3. 汽车电子产品安装工具、电线线路的判断和接线工艺(中级要求)。
4. 中控锁的触发方式及与防盗器的接线技术要求(中级要求)。
5. 电子防盗器的安装与使用方法及注意事项(中级要求)。

技能要求

1. 能安装并调试电子防盗器(中级要求)。
2. 能安装中控锁系统并与防盗器一体化(中级要求)。

近年来,我国的机动车被盗案件呈逐年上升趋势,为防止车辆被盗,许多汽车制造厂在车辆出厂前就为车辆装备了防盗装置,但是多数没有报警功能。对于一些出厂时没有安装防盗装置的汽车,车主想尽办法防止车辆被盗,如图5-1所示。

图 5-1　车辆防盗

一、汽车防盗装置的分类

目前,市场上的汽车防盗装置可分为机械式、电子式和网络式。随着电子和网络技术的不断发展,新型的汽车防盗装置将被陆续开发出来。

1. 机械式防盗装置

机械式防盗装置是采用金属材料制作的各种防盗锁具,包括转向柱锁、转向盘锁、踏板锁(离合器踏板锁、制动踏板锁)、变速器操纵杆锁、车轮锁等。使用时,这些防盗锁具锁住汽车的操纵部件,使窃贼无法将汽车开走。该类防盗装置的特点是简便易行、价格便宜,缺点是不能报警。

(1)转向柱锁。现代轿车一般在出厂时都配置了转向柱锁。转向柱锁主要由锁杆、凸轮轴、锁止器挡块、开锁杠杆和开锁按钮等组成。当驾驶员从钥匙筒拔出钥匙后,转向柱便被锁住,使汽车无法驾驶。

(2)转向盘锁。转向盘锁有两种结构,一种是直杆结构,由锁杆、锁栓和锁头组成。两个锁栓分别固定在转向盘的径向两相对端,锁杆的另一头插在车内任意地方加以固定,这样就可防止窃贼转动转向盘,如图5-2所示。另一种转向盘锁结构形似拐杖,所以也称拐杖锁。该锁两端的手柄长度可进行调整,一端挂在转向盘上,另一端挂在离合器踏板上,装有自动变速器的汽车则挂在制动踏板上,一旦锁定,转向盘就不能转动,挡位也挂不上。

(3)踏板锁。制动器踏板锁主要有制动踏板锁和离合器踏板锁两种,该防盗锁锁在制动踏板或离合器踏板杆上,以使汽车无法挂挡或处于制动状态。

(4)变速器操纵杆锁。变速器操纵杆是汽车的主要操纵部件,如果不能拨动变速器操纵杆,盗贼也就无法开走汽车,所以很多车辆采用锁定变速器操纵杆的方法来防盗,如图5-3所示。

图5-2 机械式转向盘锁

图5-3 变速器操纵杆锁

2. 电子式防盗装置

电子式防盗装置也称微电脑防盗装置,该类防盗装置通过电子设备来控制汽车的起动、点火等电路,当整个系统开启之后,如果有人非法移动汽车、开启车门、油箱门、发动机舱盖、行李舱盖,接点火线路时,防盗装置会立刻发出警报,顿时灯光闪烁、警笛大作,同时切断起动电路、点火电路、喷油电路、供油电路,甚至自动变速器电路,使汽车处于完全瘫痪状态。

3. 网络防盗

网络防盗是指通过网络来实现汽车的开关门、起动、截停汽车、汽车的定位以及车辆会根据车主的要求提供远程的车况报告等功能。网络式汽车防盗系统主要有两种:一种是全球卫星定位,通过GSM进行无线传输的GPS防盗系统,俗称"天网";另一种是以地面信标定位,通过有线和无线传输对汽车进行定位跟踪和防盗防劫的CAS防盗系统,俗称"地网"。网络防盗主要是突破了距离的限制。

GPS系统全称为"**全球卫星定位系统**",属网络式防盗器,它主要靠锁定点火或起动达到防盗的目的。GPS能应用于汽车反劫防盗服务,这得益于卫星监控中心对车辆24h不间断、高精度的监控服务。该系统由安装在指挥中心的中央控制系统、安装在车辆上的移动 GPS 终端以及 GSM 通信网络组成,接受全球定位卫星发出的定位信息,计算出移动目标的经度、纬度、速度、方向,并利用 GSM 网络的短信息平台作为通信媒介来实现定位信息的传输,具有传统的 GPS 通信方案无法比拟的优势。缺点是价格昂贵,要交纳一定的服务费用。

二、汽车电子防盗系统

一般汽车电子防盗器都有主机、遥控器、振动传感器、LED 警示灯、报警喇叭、天线、熄火控制器和线束等,如图 5-4 所示。电子防盗系统的工作电压为 12V±3V,工作频率在 400~450Hz。

1. 主机

电子防盗器主机是整个防盗系统的控制电脑。通过天线接收遥控器控制信号,实现警戒设定与解除、中控锁控制等一系列遥控功能。

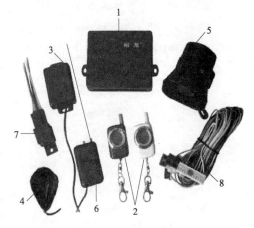

图 5-4　汽车电子防盗系统的组成
1-主机;2-遥控器;3-振动传感器;4-LED 警示灯;5-报警喇叭;6-天线;7-熄火控制器;8-线束

同时,还能接收振动传感器、车门、行李舱盖、制动踏板等信号输入,通过报警器实现报警、中控锁自动化等功能。通过熄火控制器,实现在车辆警戒状态下,发动机无法起动,防止被盗。

某品牌汽车电子防盗器主机接线图,如图 5-5 所示。

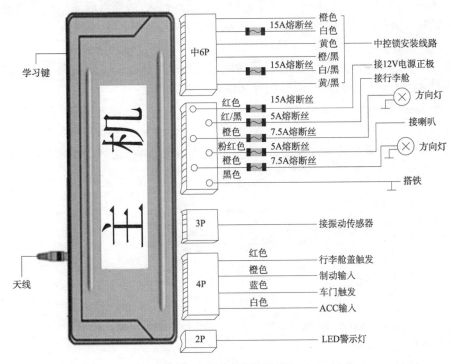

图 5-5　防盗器接线原理图

2.遥控器

1)控器外观和按键

图5-6所示为某品牌汽车电子防盗器遥控器外观和按键,各按键说明如下:

(1)设定键。短按设定键,锁车门,并进入声光警戒状态;长按2s以上,进入声光寻车状态;汽车行驶中按设定键,锁住车门。

(2)解除键。短按解除键,警戒解除,车门开锁;汽车行驶中按解除键,车门开锁。

(3)静音键。短按静音键,锁车门,并进入静音警戒状态;长按静音键2s以上,进入闪灯寻车状态;行车中按静音键2s以上,进入防抢状态。

(4)行李舱盖键。长按行李舱盖键1s以上,开启行李舱。

(5)同时按设定键和解除键1s以上,进入设置。

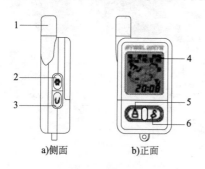

图5-6 遥控器外观
1-天线;2-静音键;3-行李舱盖键;4-显示屏;
5-设定键;6-解除键

2)遥控器匹配与删除

(1)遥控器与主机匹配方法。按住主机学习键,LED警示灯亮。按遥控器任意键1次,听到回传音乐声,LED警示灯闪烁,表示遥控器匹配成功。不要松开学习键,按另一遥控器任意键1次,听到回传音乐声,LED警示灯闪烁之后熄灭,另一遥控器匹配成功。一般一台主机最多能同时匹配2个遥控器。

(2)遥控器删除。按住主机学习键不松开(10s内不按遥控器任意键),10s后主机LED警示灯灭,喇叭发出1声长音,则表示原来遥控器已经被删除,遥控器删除后触发报警,用紧急解除功能解除报警后可正常使用(防盗功能关闭),重配遥控器学习后恢复防盗功能。

3.振动传感器

振动传感器感知车体振动情况,振动灵敏度可以通过灵敏度调整旋钮调节,顺时针调整灵敏度提高。如图5-7所示,出厂时灵敏度调整在适中位置。

4.警示灯、报警喇叭和天线

1)警示灯

警示灯应安装在车内仪表台表面,以便车外行人容易看到,达到警示的目的,如图5-8所示。

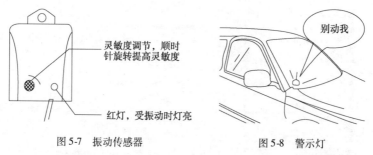

图5-7 振动传感器   图5-8 警示灯

2)报警喇叭

报警喇叭通过不同的发声达到报警的目的,喇叭可以通过调整选择不同的声音或声音

组合:

(1)打开喇叭底部的调音盖,拧开调音盖固定螺钉并取出调音盖,如图 5-9 所示。

(2)拨动任意声音开关,可以产生个性组合声音,如图 5-10 所示。

(3)调音完毕,将调音盖紧贴防水胶圈并锁牢,以防进水,最后把调音盖盖好。

图 5-9 打开调音盖

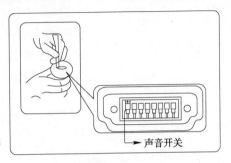

图 5-10 调整声音

3)天线

若前风窗玻璃未贴膜,可在指定位置安装,若在可选安装位安装,天线距离玻璃边缘≥10cm;若前风窗玻璃有贴膜,在可选装位置安装时按图 5-11 所示虚线框切除玻璃膜;若全车有贴膜,可在指定位置安装。

5.熄火控制器

熄火控制器有油路熄火控制器和起动电路熄火控制器两种,它们的连接方法如下:

(1)起动机断电电路,如图 5-12 所示。剪断起动机控制线,将熄火控制器串联进线路中。在防盗器处于警戒状态时,切断起动电路,使汽车无法起动。

(2)油路熄火接线,如图 5-13 所示。将油泵控制线剪断,将熄火控制器串联接入电路中,控制油泵工作,达到使车辆熄火的目的。

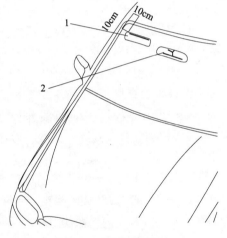

图 5-11 天线安装位置
1-选装位置;2-指定安装位置

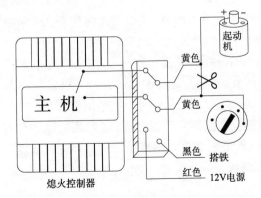

图 5-12 起动断电线路

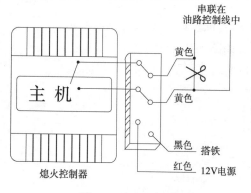

图 5-13 油路熄火接线

三、汽车电子产品的安装工艺

1. 正确使用工具

(1) 正确拆装车辆饰板、车门及仪表板(需要时)。注意工具使用规格的正确,工具包括不同规格的十字螺丝刀、剥线钳、内梅花扳手、内六角扳手、剪钳等。

(2) 注意正确使用试电笔和万用表等仪器、仪表。应正确设置万用表的挡位。

2. 线路的判断

(1) 钥匙开关常火线判断。关闭点火开关,测电笔一端搭铁,另一端在锁头引线上测试。测电笔指示灯常亮的便是正电。

(2) 钥匙开关 ACC 线判断。钥匙开关开至 ACC 位置时电笔会亮,ON 时测电笔也亮,关闭点火开关后,指示灯灭,此线为 ACC 线。

(3) 钥匙开关 ON 线判断。钥匙开关至 ON 时,测电笔有电,在起动机起动时测电笔也会亮(有电),将此线断掉,发动机熄火,此线为 ON 线。

(4) 转向灯线判断。把钥匙打到 ON 挡,打开某一转向灯开关。然后用电笔在转向灯开关下的线束上查找(有少量车型需在熔断器附近查找),如果测电笔指示灯随着转向灯开和关一亮一灭,此线即为转向灯线,同理查找另一根转向灯线。

(5) 制动踏板线判断。此线一般在制动踏板上方的触点开关处可查到。一根为常通的正电,另一根在踩下制动踏板后才有电的线,是制动踏板开关线。

(6) 车门开关线判断。将驾驶员侧车门打开,其他车门关闭。测电笔夹子端接车内正电,另一端测门边开关的线束。用手按住门边的触点,一开一关。随着门边触点的开关,测电笔指示灯和车内的照明灯一亮一灭。此线即为门边触点线。

(7) 中控锁信号线判断。测电笔一端搭铁,另一端测试线束中的线路(线束一般在驾驶员侧车门边附近),反复测试,四门的锁随着测电笔指示灯的亮和灭,一开一关,即为信号线。

3. 线束的连接

(1) 正确剥线。根据线径粗细不同,将接线端外缘皮剥去 25mm 左右,剥皮时要注意内部铜线可能受伤或被剪断,线皮剥好后铜线应完好无损。

(2) 正确接线。将露出的铜线绕束扭紧在一起,用绝缘胶布缠好。在搭接起动线或点火线时,剥线应长至 30mm,线皮剥好后,先将铜线一分为二扭紧在一起。然后将两条线的一分为二的部分分别扭紧在一起,再将它们合二为一扭紧用胶布缠好。

(3) 正确缠线。使用的胶布要符合电工标准,注意其绝缘性和有效期。缠绕胶布时,要稍用点儿力将胶布稍稍拉长,然后缠绕。这样缠好的胶布会自然地绑紧在搭接好的导线上,胶布不易松开,安全、牢固性较好。

4. 接线注意事项

(1) 缠绕常火线、起动线和 ON 线时,需按胶布的使用方法缠绕 2 次。

(2)缠绕时胶布要有外延,不得有铜线丝露出。

(3)断电继电器下的几条线,接好后不要用胶布大面积缠绑在一起,否则不易散热,易出危险。

四、防盗器与中控锁的接线

1. 中控锁触发方式判断

中控锁的触发方式有负触发、正触发和正负触发三种。

(1)负触发方式的判断。用测电笔固定夹一端搭铁,测电笔另一端触试中控锁的两条控制线,中控锁若工作;而用测电笔固定夹一端接电源,测电笔另一端触试中控锁的两条控制线,中控锁不工作,则为负触发方式。

(2)正触发方式的判断。用测电笔固定夹一端接电源,测电笔一端触中控锁的两条控制线,中控锁若工作;而用测电笔固定夹一端搭铁,测电笔另一端触试中控锁的两条控制线,中控锁不工作,则为正触发方式。

(3)正负触发方式的判断。用测电笔固定夹一端接电源,测电笔一端触中控锁的两条控制线,中控锁若工作;而用测电笔固定夹一端接搭铁,测电笔另一端触试中控锁的两条控制线,中控锁也工作,则为正负触发方式。

图 5-14　安装中控锁

2. 中控锁与防盗器接线

(1)首先将四门的中控锁安装在车门的合适位置,并与锁块的驱动机构连接好,如图 5-14 所示。

(2)按中控锁与防盗器的接线原理图进行接线,如图 5-15 所示。

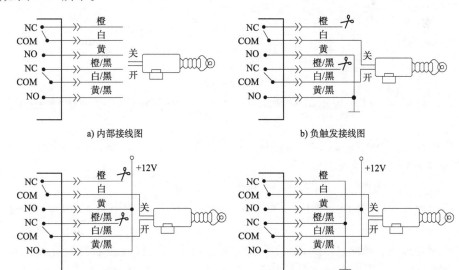

图 5-15　中控锁与防盗器接线原理图

五、汽车电子防盗器的加装

1. 安装前检查原车电路

(1)检查中控锁电路。用原车钥匙(或中控锁开关)开启/关闭左前车门,观察所有车门是否在同一时间内开启/关闭。目的是防止原车各门锁电路或机械结构出现故障。

(2)检查车门开关。分别打开各车门,检查所有车门检测开关,是否接触正常,观察分别打开车门时,车顶灯是否正常亮。目前,大多车型顶灯带有延时熄灭功能,检查时须等顶灯熄灭后,再依次打开其他车门。检查门开关是否损坏、漏电、接触不良等现象,防止装防盗器后出现误报警。

(3)检查起动电路。车钥匙旋转到 ON 位置,观察仪表板内各指示灯亮情况(如气囊、ABS、充电、发动机故障灯等),然后正常起动车辆,再观察各指示灯熄灭情况有无异常。避免车辆安装防盗系统后出现异常时,与车主发生纠纷。

(4)检查转向灯电路。车钥匙旋转 ON 位置,分别打开左右转向灯开关,观察左右转向光灯频率(速度)是否一样(打开紧急双闪灯开关也可对转向灯电路进行检查)。

2. 接线与安装

打开防盗器包装盒,确认组件是否完整。拿出安装说明书,按车型进行接线。安装步骤如下:

(1)行李舱接线。拆掉驾驶员侧 A 柱饰板,找到原车线组。防盗主机行李舱盖触发线接原车行李舱照明灯线。如果行李舱有电动机,将防盗器触发线接在行李舱开关与电动机之间,如图 5-16 所示。

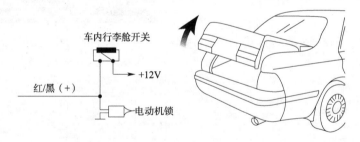

图 5-16 行李舱接线图

(2)警示灯安装。LED 警示灯安装到仪表台上,以便车外行人容易看到,达到警示的作用。

(3)电源接线。拆掉转向盘下方的塑料盖,找到原车线组,把防盗器主机的 12V 线接到原车线路常火线(原车常火线较粗)上。

(4)ACC 线接。防盗器主机的 ACC 线接到原车的 ACC 线上。

(5)中控锁接线。用测电笔测试原车中控锁的触发方式,将防盗器主机与原车中控锁线路连接。

(6)转向灯接线。转向灯线判断,点火开关必须位于 ON,打开左右转向灯时,测电笔会亮,此线为转向灯线。把原车转向灯线接到防盗器主机两条方向灯线,不需要分左右。

(7)车门接线。安装时根据车型在主机后面选择正确的触发方式,如图 5-17 所示。出厂时设置为车门负触发。

注意：门开关检测线连接时一定要接顶灯控制总线（四门总线），不要接在左前门门开关线上，因为主门开关线和其他门开关线是由二极管分离开的，相互不连通，以避免防盗系统警戒时，出现开后门不报警现象。

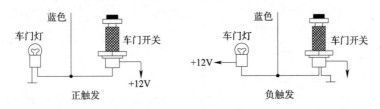

图 5-17　车门接线

（8）喇叭接线。在发动机舱内选好合适的位置安装喇叭，如图 5-18 所示。将喇叭的连接线通过原车的通线孔，与驾驶室内主机相连。

注意：

①安装时喇叭口向下倾斜，以防止进水。

②要远离发动机排气管等高温处，以免高温损坏。

（9）制动踏板接线。制动踏板接线连接在制动踏板开关与制动灯之间，如图 5-19 所示。

图 5-18　喇叭的安装　　　　图 5-19　制动踏板接线

（10）振动传感器安装。振动传感器要安装于仪表台下方并紧贴车体金属结构部位，否则会影响感应灵敏度。

（11）熄火控制器的连接。剪断原车线路起动线，将防盗器继电器串接在两端。

查找起动机控制线的方法为：测电笔一端搭铁，一端找线。测量到某线时，点火开关开至 ON 状态，测电笔不亮；当点火开关开至起动状态时，测电笔会亮。则该线为起动机控制线。

（12）安装天线。主机天线位置与遥控距离有很大关系，一定要严格按说明书上要求进行安装，否则会影响遥控和接收距离。

（13）接线完毕，选择合适的位置安装防盗主机。

（14）测试防盗器，如果没有问题，将拆卸下的饰板装回，整理设备。

3. 安装完成后的功能测试

（1）防盗器主机所有配线连接完成后，要先进行调试，再装上装饰板。检查各配线插头是否与主机插座接触紧固，有无松动现象。将点火开关旋到 ON 位置，踩制动踏板时，中控锁应自动上锁，点火开关旋到 OFF 时，中控锁会开启，然后分别依次打开各车门时，转向灯应闪亮。

（2）关好所有车门，用遥控器设定防盗 10s 后，振动车辆防盗器应立刻发出报警声音，振动传感器的灵敏度大小，可根据安装车型大小应做适量调整。

（3）全部功能测试完成后，应向车主讲解简单的常用功能操作方法，包括遥控和接收的大约距离、遥控器的电池使用时间、紧急解除开关的使用。

六、汽车电子防盗器常见故障的排除

1. 故障一

1）故障现象

主机安装之后,喇叭一直鸣叫,无法用遥控器解除。

2）处理方法

(1) 检查接线是否有问题。

(2) 检查主机熔断丝是否烧断。

(3) 检查主机与遥控器号码是否吻合,或通过遥控器与主机重新学习解决。

2. 故障二

1）故障现象

设定警戒后,轻触车辆即报警。或者车辆暂停路旁时,当有重型车经过就会触发报警。

2）处理方法

(1) 检查振动传感器是否灵敏度过高,逆时针调节振动传感器灵敏度调节旋钮,降低灵敏度。

(2) 如果故障仍不能解决,则更换振动传感器。

3. 故障三

1）故障现象

遥控器能设定防盗,但是中控锁没有反应。

2）处理方法

(1) 检查中控锁门锁配线是否被破坏,造成短路或断路,线路安装是否正确。

(2) 检查中控锁配线熔断丝是否断开。

(3) 检查中控锁的触发方式,重新按安装说明接线。

4. 故障四

1）故障现象

解除防盗后,打开车门,转向灯不闪。或者设定防盗后,强行打开车门不报警。

2）处理方法

(1) 检查防盗器车门检测线安装是否正确;

(2) 检查原车门感应开关是否断开或接触不良。

5. 故障五

1）故障现象

防盗器装车后或使用过程中,报警喇叭无声或有时发声不正常。

2）处理方法

(1) 检查是否开启静音防盗功能。

(2) 检查主机与喇叭之间连线是否接触不良,接线是否正确。

6. 故障六

1）故障现象

设定防盗之后,10s 之内喇叭立即大声鸣叫,解除之后再设定也是同样情形。

2)处理方法

(1)检查振动传感器是否正常或太灵敏。

(2)检查车门检测线与制动检测线连接是否正确。

7. 故障七

1)故障现象

遥控距离明显偏近或使用中遥控距离慢慢变短,无法遥控。

2)处理方法

(1)检查主机天线安装位置是否符合标准安装要求。

(2)检查主机插座与天线插头是否有接触不良现象。

(3)使用中,防盗系统周围是否有高建筑物或无线电发射装置,因为高频电磁波对防盗系统使用距离有较大影响。

(4)检测电池电量是否充足。

第二节　汽车倒车辅助系统装饰

知识要求

1. 倒车雷达系统的组成(中级要求)。
2. 倒车雷达产品原理和技术要求(中级要求)。
3. 倒车雷达的安装工艺和使用注意事项(中级要求)。

技能要求

1. 能安装并使用倒车雷达系统(中级要求)。
2. 能排除倒车雷达系统故障(中级要求)。

车辆上最基本的倒车安全辅助装置是车内和车外设置的反射镜面,只凭三面后照镜所提供的驾驶视野及信息,难以满足驾驶员对驾驶安全需求。随着电子技术的不断发展,汽车倒车警示系统逐渐被开发出来。例如,常见的倒车雷达(图5-20)和倒车影像系统等,能以声音或者更为直观的显示告知驾驶员周围障碍物的情况,解除了驾驶员泊车、倒车和起动车辆时前后左右观察所引起的不便,并帮助驾驶员清除视野死角,提高了驾驶的安全性。

图5-20　倒车雷达

一、倒车雷达系统的组成

一般来说,倒车雷达系统由主机、显示器、探头和连接电源线等组成,在汽车上的整体安装位置,如图5-21所示。倒车雷达组件在车的后保险杠或前后保险杠设置雷达探头(或高清摄像头),用以侦测前后方的障碍物,当遇到障碍物时,产生回波信号,探头接收到回波信号后经主机进行数据处理、判断出障碍物的位置,由显示器(液晶屏)显示距离(影像),并发出其他警示信号,使倒车变得更轻松。

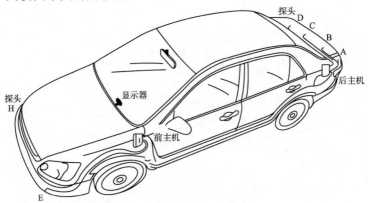

图 5-21　倒车雷达组件在车上的位置

1. 主机

主机是倒车雷达系统的"大脑",负责接收探头的探测信号,将车辆与障碍物的位置和距离传输给显示器。随着科技的发展,倒车雷达的主机与显示器集成在一起,显示器采用不同尺寸的液晶屏,驾驶员可以借此清晰地观察到车辆周边的情况。

(1)前主机。前主机除接收前方探头的探测信号、车内外温度信号等,还接收后主机的信号。同时,通过连接制动线、倒车线、点火开关等接收车辆本身的行驶状态。结合车辆自身行驶状态和车外环境,把提示信息通过显示屏告诉给驾驶员,如图 5-22 所示。

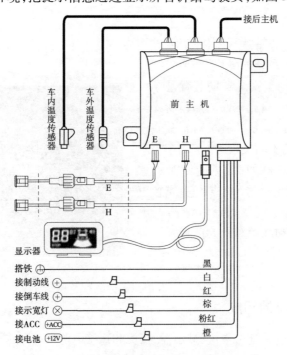

图 5-22　前主机接线

(2)后主机。后主机用来接收汽车后方探头探测的信号,并通过连接线将信号传给前主机,如图 5-23 所示。

2. 显示器

显示器主要是用来显示车辆当前所处位置周围的状况,驾驶员可以通过显示器上的信息来辅助泊车。以前使用较多的是独立的数码显示屏,正常行车状态下显示器会显示时间、日期、车内外温度等辅助信息。当车辆处于倒车状态时,会根据实际情况显示与障碍物距离、停车警告、语音图标等信息,如图 5-24 所示。新型的倒车影像与导航、音响等共用一台车载液晶显示器。

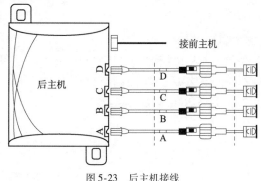

图 5-23 后主机接线

图 5-24 显示障碍物情况

3. 探头

(1)探头数量。通常来说,探头的数量决定了倒车雷达的探测覆盖能力。市面上的倒车雷达分别有 2 探头、3 探头、4 探头、6 探头及 8 探头。2~4 探头的倒车雷达一般安装在汽车后保险杠上,6~8 探头的倒车雷达一般是前 2 后 4,或前 4 后 4。6 个以上探头的倒车雷达在倒车时,可探测前左、右角,探测范围和精度比较高。

(2)探头类型。对于普通的倒车雷达系统来说,它采用的是电磁波探头,能把探测到的障碍物的距离传输给主机,再经过显示屏模拟显示,并有声音配合报警。

对于倒车影像系统来说,它采用的是高清摄像头,能够把探测到的景物传输给主机,再经液晶显示屏清晰地显示出来。

(3)探头探测范围。将探头的探测距离进行分区,如图 5-25 所示。后 4 探头探测范围分为安全区(大于 2.6m)、预警区(1.5~2.6m)、慢行区(1.0~1.5m)、警戒区(0.4~1.0m)和即停区(小于 0.4m)五个区域。前 2 探头探测范围分为大于 0.4m、0.3~0.4m、小于 0.3m 几种情况。

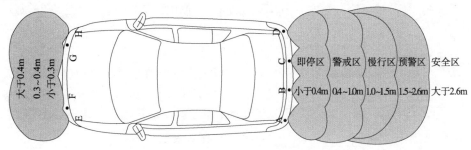

图 5-25 前后探头探测范围分区

(4)探头工作分为如下几种情况。

①向前泊车。点火开关处于 ACC ON 位置,每次踩制动踏板,系统自动启动。前 2 探头的探头探测距离约为 70cm,如图 5-26 所示。

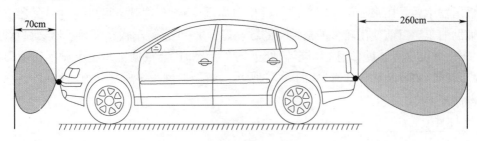

图 5-26　向前泊车时探头探测距离

②向后泊车。点火开关处于 ACC ON 位置,挂入 R 挡,系统自动启动,进行前方两角度、后方全方位探测,优先提示最近障碍物状况。前 2 探头 E、H 探测距离约为 100cm。后 4 探头探测距离:边角 2 探头约为 160cm,中央 2 探头约 260cm,如图 5-27 所示。

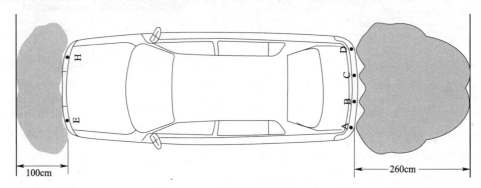

图 5-27　向后泊车时探头探测距离

③前后兼顾。挂入 R 挡,前后探头同时探测,优先显示最近障碍物最短情况。当前方障碍物距离小于后方时,有不同等级的蜂鸣警示声"bi-bi-bi…"提示。

二、电子倒车雷达的安装

下面以某品牌电子倒车雷达为例,介绍汽车倒车雷达的安装流程。

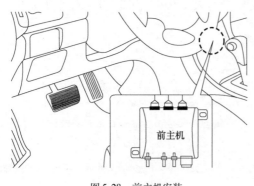

图 5-28　前主机安装

1. 前主机安装

前主机安装时,尽量远离原车电子元件,建议安装在前排乘客的位置,如图 5-28 所示。安装要牢固。

2. 后主机安装

后主机安装在行李舱的左侧,与探头连接好,安装要牢固。同时,找到倒车灯线准备与前主机相连。

3. 探头安装

前 2 后 4 探头的安装方法:

1)确定探头的安装位置

(1)后面4个探头的位置,如图5-29所示。A、B、C、D离地高度为50~70cm,四点要同一高度。A、D距离车身外缘12~20cm,距离要相等。A、D之间的距离设为L,将L分为10等份,AB距离与CD距离相等且为$0.3L$,BC距离为$0.4L$。

(2)前面2个探头的安装位置,如图5-30所示,H、E距地面45~55cm,要求等高。H、E距车身外缘距离为15~20cm,要求等距。

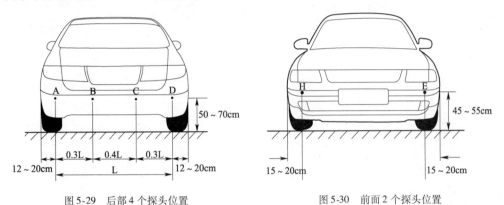

图5-29 后部4个探头位置　　　　　图5-30 前面2个探头位置

(3)在前后保险杠上按要求确定好探头的位置,并用记号笔做好标记,准备进行打孔,安装探头。

注意:

①探头的离地高度、距离车身外缘距离等数值,只是作为参考。具体情况要根据车辆实际情况来定。

②要保证前后所有探头离地高度一致。

2)安装探头

(1)先确认使用的扩孔钻头与探头的直径一致,方可打孔。否则,会影响探头的安装牢固性。

(2)钻孔前,最好先用钉子等尖锐工具在标记处钻盲眼,以防电钻刚转动时钻头滑动,伤害到保险杠或车身的其他位置。

(3)安装探头时注意安装方向,用两个大拇指均匀用力将探头压入保险杠中,要压牢并紧贴车体。

(4)将防水插头插好,用力扭紧,防止进水。

4.显示器的安装

(1)显示器安装于仪表台、前风窗玻璃或空调出风口处,如图5-31所示。A、B为仪表台位置,C、D为前风窗玻璃位置,E为空调出风口位置。若安装于空调出风口,一定要按规定装好嵌夹。

(2)安装好显示器后,要将连接线埋设好以免影响美观。

5.倒车雷达功能验证与故障排除

1)功能验证

安装完毕,应先确认功能是否正常。验证方法为:将规格为30cm×100cm的木板竖起放于汽车后方,驾驶员慢慢倒车,验证倒车雷达的相应功能,如图5-32所示。

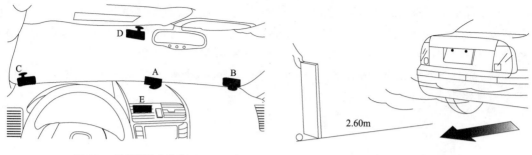

图5-31　显示器的安装位置　　　　　　　　　图5-32　功能验证

(1)预警距离测试。将一个木板摆在探头的正后方,由远至近缓慢倒车,分别在远、近两端测量木板到车尾的实际距离,并和车内倒车雷达显示的障碍物距离相比较。

(2)障碍物方位显示测试。分别将1~3个木板摆放到车尾的左、中、右侧,测试倒车雷达探测显示障碍物方位是否精确。

(3)探测死角测试。将木板中心偏离探头中心,测试倒车雷达是否能发现。

2)常见故障的排除

倒车雷达的常见故障现象和排除方法,见表5-1。

倒车雷达的常见故障现象和排除方法　　　　　　　表5-1

项　目	现　象	排　除　方　法
故障一	装机后无显示	(1)检查电源线是否连接正常; (2)点火开关是否打开处于ACC ON、是否挂入倒车挡; (3)各连接线是否插到位
故障二	提示探头错误	(1)检查探头线是否与主机对应插好; (2)探头线是否已被拉断
故障三	障碍物位置与显示方位不一致	检查探头接线是否与主机插口对应
故障四	挂入倒挡,显示器显示信息错误	(1)检查探头安装的高度是否符合安装要求; (2)检查探头是否朝上或装反; (3)检查探头安装位置是否向下倾斜
故障五	报警声过低	将音量开关调至适当音量

倒车雷达遇到以下情况,可能会影响探测准确程度,但不是系统本身的故障。

(1)表面光滑的斜坡。探测波在坡面上产生镜面反射,全部被反射到斜上方,没有回波,如图5-33所示。

(2)表面光滑的球体。由于光滑球体反射面积很小,回波也很少,无法识别,如图5-34所示。

(3)高吸音棉质物体。探头的探测波被高吸音棉性质的物体吸收,没有回波,无法识别,如图5-35所示。

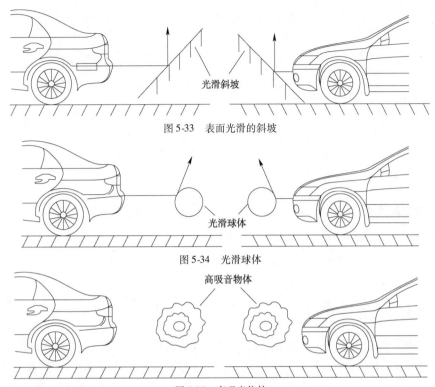

图 5-33　表面光滑的斜坡

图 5-34　光滑球体

图 5-35　高吸音物体

（4）特殊形状的物体，如图 5-36 所示。遇到该种形状的物体，探测波反射受到阻碍，回波很少，无法识别。

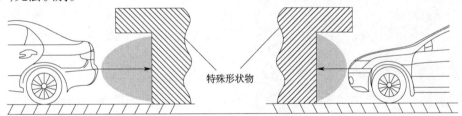

图 5-36　形状会阻碍波反射的物体

（5）特殊环境。遇到在地面以下的危险环境，比如河流、下水井、水坑等情况，探测波无法探测到，无法识别，如图 5-37 所示。

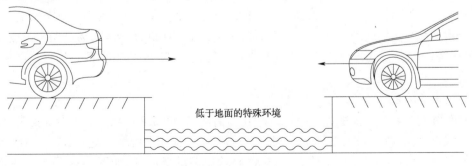

图 5-37　低于地面的危险状况

由于倒车雷达本身性能有局限,故配合倒车影像使用会使倒车更为安全。

第三节　汽车娱乐类电子产品装饰

知识要求

1. 汽车音响知识和安装要求(中级要求)。
2. 智能后视镜安装技术要求(中级要求)。
3. 行车记录仪的知识和安装要求(中级要求)。

技能要求

1. 能安装智能辅助系统(中级要求)。
2. 能安装汽车音响系统(中级要求)。
3. 能安装行车记录仪(中级要求)。

一、汽车音响装饰

早在1923年美国就首先出现了装配无线电收音机的汽车,随后许多轿车都在仪表板总成上安装了无线电收音机。这时的汽车无线电收音机使用的都是用电子管,直到20世纪50年代出现半导体技术后,汽车收音机开始了技术革命,用半导体管逐步取替了电子管,提高了汽车收音机的寿命。20世纪70年代初,卡式收录机进入市场,一种可播放卡式录音带的车用收放两用机出现在汽车上,同时机芯开始应用集成电路。直至20世纪80年代末,一般汽车的音响多以一个卡式收放两用机与一对扬声器为基础组合,扬声器分左右两路声道,有的置于仪表板总成的两侧,有的置于车门,有的置于后座的后方,收放两用机输出功率多在20W左右,如图5-38所示。

图5-38　汽车音响

随着液晶显示屏和DVD的普及,汽车业兴起了"移动影院",作为一种新配置来提升汽车的档次。所谓"移动影院",就是在汽车里面安装一套类似"家庭影院"的娱乐设备,该系统主要由液晶显示屏、含有DVD/VCD/CD播放功能的CD机、放大器、扬声器等组成。汽车"移动影院"有液晶显示屏,故可增添电脑操作功能;有电脑操作功能,故可增置上网功能,使汽车进入了互联网世界。

1.汽车音响系统的组成

汽车音响系统一般由主机、信号处理器(均衡器、分频器等)、功率放大器和扬声器构成,还包括线材、熔断器、电容、电感等小附件。音频信号通过主机输出之后,进入后级处理部分,经信号处理器处理,经功率放大器放大,再输出驱动扬声器,如图5-39所示。主机就好像人的大脑,要发出什么样的声音,得由大脑来控制。而扬声器就好像是人的嗓子,用来发出声音。

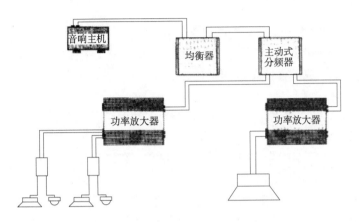

图 5-39 汽车音响系统的组成

1) 汽车音响主机

在音响系统中,音源是关键部分之一。好音源是好音质的开始,如果音源质量不佳,后级的音响器材再好,也不能改善音质。后级音响器材越好,越能彰显音源的差异。音频信号格式有 AM/FM 收音机、卡带、CD、DVD、数字卫星广播、MP3 等。选购汽车音响的主机,不能光看外表是否好看,还得从基本的技术指标进行评价。下面是一些需要注意的指标:

(1) 输出功率,是指主机在正常输出音乐时能够提供的最大工作功率。需要注意的是,厂商在产品说明书中标注的数值只是该主机所能提供的峰值功率,而实际上能够稳定输出的正常功率只有该数值的 50% 左右。搭配主机和扬声器时,要注意实际的功率匹配问题。

(2) 频率响应。它反映了音响主机的工作频率范围,这个范围越大越好(下限要小一点儿,上限要大一点儿)。人类的听力范围是 20~20kHz,所以频响范围相应至少应该涵盖这个频率段。事实上很少有人的听力能达到 20kHz,男人一般能达到 16kHz,女人为 18kHz。

(3) 信噪比,指的是音乐信号与噪声信号之间的比例。在选择音响的时候,数值越大越好,数值越大说明声音越干净,清晰度越高。

(4) 谐波失真,指原有频率的各种倍频的有害干扰,一般放大 1000Hz 的频率信号会产生 2000Hz 的 2 次谐波和 3000Hz 以及更高次数的谐波,理论上讲这个数值越小,失真度也就越低。

2) 信号处理器

在汽车影音系统中,所谓信号的处理一般是采用均衡器、主动式电子分频器进行数字式信号处理以及信号的前级处理。其中,主动式电子分频一般是采用较优秀的主机,低音激励器简单的主动式电子分频器一般集成到功率放大器中。所以汽车音响中的信号处理器一般是指均衡器。均衡器是对信号频率响应及振幅进行调整的电声处理设备,简称 EQ。它可以改变声音与谐波的成分比、频响特性曲线、频带宽度等。频率均衡器广泛用于各种音响系统,在汽车音响中它对美化声音起到很大的作用。

在音乐节目的频域内,各个频段都有其独立的作用,对各段频率的提升或衰减都会使音乐的内涵发生变化,下面把全音频分成六段来做具体分析:

（1）16~80Hz 的频率段。该频率段能令音乐具有强有力的感觉，16~80Hz 频率段使低音有非常低的下潜感，而 48~80Hz 使低频有良好的力度感，但过多地提升会使声音混浊不清。

（2）80~250Hz 的频率段。该频率段包含着基音和节奏音的主音（基础音），对该频率段的调整可改变音乐的平衡状态，使其趋向丰满或单薄，这可以根据客户的要求适当进行调整。它和高中音的比构成了音色结构的平衡，强则声音丰满，弱则音色单薄，如果过多地提升会引发"隆隆"声。

（3）250~2kHz 的频率段。该频率段包含着大多数声部的低频泛音和低次谐波，250~500Hz 影响音色的力度和结实度。330Hz 给人以坚实感，使低音柔和丰满。但提升过多，会产生"嗡嗡"的闭室效应。500~800Hz 过多会使音色生硬。原则上一般不对这个频段的声音进行过多的增减，而是根据实际情况稍加调整。

（4）2~4kHz 的频率段。该频率段要慎用，过多提升时会影响对语言的辨别，特别是"M"、"B"这样的唇音容易模糊。由于耳膜的共振频率点是在 3kHz 左右，如果这个频率点提升过多会引起疲劳、心烦。当然，稍微提升一些（如 1dB 左右），可以使声音更加明亮。

（5）4~6kHz 的频率段。该频率段可令人有身临其境之感，它可以增加语言、音乐的清晰度。提升这段频率可拉近听众与表演者的"距离"。4kHz 是一个具有穿透性听感的频率，而 $5kHz$ 的衰减会使声音的距离感变远。

（6）6~16kHz 的频率段。该频率段控制着整体声音的明亮度、感染力和色彩。此频率段不适宜衰减，一般可做平直处理或稍加提升（3dB 以内），如果过量提升，会出现明显的齿音，使音色充满毛刺感。

3）功率放大器

在汽车音响系统中，功率放大器是将主机或信号处理器输出的低电平信号经过再次前级放大和多级放大之后，以大功率驱动扬声器。汽车音响功率放大器，由电源部分和音频部分组成。电源部分先将车载电源经滤波处理，再由升压变压器提升电压供给音频部分来驱动扬声器。升压变压器将电压提升所需的电流要增大，电压越大所需电流也越大。

在汽车音响中，功率放大器的声道数有单声道、两声道、四声道、六声道甚至八声道。选择哪种声道的功率放大器非常重要，这对系统配置、功率配置等都起着决定性作用。标准的声道配置，如图 5-40 所示。

4）扬声器

扬声器是一种换能器件，可将音频电信号转换（还原）成声信号（声波）。由于受到扬声器的发声体（振膜）物理特性的限制，目前的技术工艺尚无法使单振膜的全频带扬声器较完美地再现整个音频范围的声音。所以，通常将不同频段的扬声器分别设计，使之能在各自的频段内获得最好的重播特性。

扬声器加上箱体就形成了扬声器系统，如图 5-41 所示。

（1）扬声器分类。按还原频段分高音扬声器、中音扬声器、中低音扬声器、低音扬声器。按喇叭口径分 3/4in❶、1in、3in、6.5in、8in、10in、12in、18in 等。按组合方式还可以分为同轴扬

---

❶ 1in = 0.0254m。

声器和分体式扬声器等。

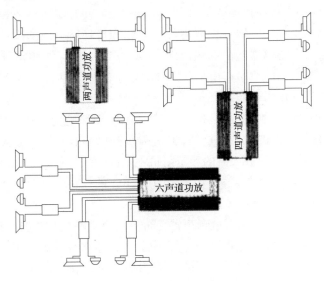

图 5-40 声道配置图

图 5-41 扬声器的单元、箱体与系统的关系图

（2）扬声器的组成。电动式扬声器由驱动部分（音圈、极柱、华司、背板、磁钢），振膜部分（音盆、防尘帽），悬挂系统（弹波、折环）和支撑系统（盆架）等组成，如图 5-42 所示。

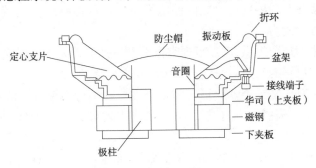

图 5-42 电动扬声器的结构

驱动系统包括磁钢、导磁柱、前后导磁板和音圈五个部分。导磁柱和后导磁板一般合在一起称为 T 铁，前导磁板又叫上夹板或华司。磁钢通过 T 铁和前导磁板之间的磁隙构成磁回路，在磁隙中产生很高的磁场强度。音圈就是沿卷幅的中心对称地放在磁隙的正中。

振动系统由振动板和防尘帽构成，是扬声器直接发声的部分，它在音圈的驱动下，在弹波和折环的支撑下来回振动发声。振动板越小，空气移动量越小，声压输出越小；频率越高，指向性越强。所以高音喇叭一般采用球顶高音，使高频的指向性更加宽广。音圈越大，承受功率越大;音圈越小,瞬态反应越佳。

支撑系统包含定心支片和折环两部分,两者的配合可使音圈在动态和静态时均能与导磁柱同心,并给振动系统提供一定的恢复力。由弹波和折环所形成的刚性或柔顺性会影响振动板的移动速度,对于扬声器的全部顺性而言,定心支片提供约80%、折环提供约20%。折环有两个重要的功能,它的原始作用是保持音圈处于极片间隙的中心,然而对于振动模式而言,悬边所造成的阻尼作用也非常重要。

(3)扬声器的参数包括额定阻抗、灵敏度、动态范围、频率响应和指向特性等。

①额定阻抗是指扬声器的最小阻抗值,也是衡量扬声器能从功率放大器处消耗多少功率的指标。如果此数据和功率放大器的额定阻抗不搭配,会出现声音失真的现象。例如,一台10W 的功率放大器,在4Ω 时其输出功率为10W,8Ω 的扬声器就只有5W 的功率,而2Ω的喇叭在理论上就可以得到200W 的功率。

②灵敏度又称声压级,是衡量车载扬声器是否容易驱动时相当重要的指标,是指给车载扬声器施加1W 的输入功率,在喇叭正前方1m 远处能产生多少分贝的声压值。灵敏度的单位为分贝/瓦/米(dB/W/m),一般以87dB/W/m 为中灵敏度,84dB/W/m 以下为低灵敏度,90dB/W/m 以上为高灵敏度。灵敏度越高,所需要的输入功率越小,在同样功率的音源下输出的声音越大,对车载功率放大器的功率要求越小,也就越容易驱动。

对放大器而言,灵敏度是指达到额定输出功率或电压时输入端所加信号的电压大小,因此也称为输入灵敏度。

灵敏度的提高是以增加失真度为代价的,要保证音色的还原程度与再现能力,就必须降低一些对灵敏度的要求。但这并不意味着灵敏度高的车载扬声器音质一定不好,而低灵敏度的车载扬声器音质一定就好,所以灵敏度本身是与车载扬声器的音质和音色无关的。

在选装扬声器时,要尽量使左右两边的数值保持一致(控制在±1dB 之内),否则会有很明显的侧重感。

③信号最强的部分与最弱的部分之间的电平差。对器材而言,动态范围表示这件器材对强弱信号的兼顾处理能力。

④动态范围由生产厂商提供,动态范围是指在参考轴上距离参考点规定位置处,在自由声场条件下以恒压法测得的扬声器系统声压级随频率变化的曲线。

⑤扬声器的频率响应是扬声器所辐射的声压在空间的分布情况。低频时,扬声器辐射面的线度,要比扬声器所辐射的声波波长小得多,扬声器可看作是一个点声源,其辐射是无指向性的。

⑥扬声器的指向性特性在高频时会明显变窄,从而减小了它的有效辐射角,因此在考虑一个扬声器的应用频率时,不仅要看它的轴向频响,也要看它的辐射方向角。这一点对两分频或三分频的分体式扬声器的分频频率的选取有实际意义,因为这时不仅要使这些扬声器的轴向频响衔接起来,也要使它们在规定角度内的频响衔接起来。一般来说,6 寸喇叭的指向性分界频率为3500Hz 左右,5 寸喇叭为4200Hz 左右,8 寸喇叭的指向性分界频率为2500Hz 左右。

5)汽车影音附件

汽车影音附件包括电源线、信号线、喇叭线、开机线、电容等,主要用于还原和提升汽车影音的音质和画质、音色等。保护影响系统避免异常电流或电压及其他电磁场的破坏。线材对于汽车音响来说是非常重要的,良好的线材要求首先是安全,其次是抗干扰性好、衰减小。

(1)电源线。要求电流电压稳定、阻抗小、电流衰减小。保证蓄电池给功率放大器等设备的供电。电源线的最佳选择是纯无氧铜线,绝缘性好、耐温,以便保证最佳的电流传输和保护电气元件,从而令功率放大器性能最大化。如果电源线的线径太小或品质太差(铜包铝或钢丝),就无法提供音响器材所需的电力。更严重的还会导致器材的损毁,甚至危及汽车的安全。

电源线最常用的是红色和黑色,红色作为正极(火线)、黑色作为负极(搭铁线)。搭铁线的粗细跟火线要一样或较粗一点儿。包裹电源线的绝缘材料除了绝缘性好之外,还要能耐高温。电源线材的选择与功率有关,功率大的往往电流也大,需要选择较粗的线材。

(2)信号线。要求抗干扰性好,能减少信号衰减;接触良好;接头处要防止氧化。信号线负责将音源信号传入功率放大器。如果传输的信号已经不完整、失真或受到干扰,即使再高级的功率放大器也只能放大失真的信号。

汽车音响信号线通常采用双编织层同轴和二芯螺旋双重屏蔽结构,因为这两种线都具有独立屏蔽功能,抗干扰能力强。主要采用 6mm 与 8mm 规格。一些顶级的信号线往往采用专用合金材料、卡环式插头,并在插头表面镀金以防止氧化。

(3)喇叭线。最好选择标准的、纯无氧铜的、绝缘性好的和适配的线,以使音频重放精准到位。与信号线同样道理,即使有相当高级的功率放大器,如果喇叭线本身的阻抗、磁场效应以及不同的音频在线上的速度不同,这些因素常会导致功率放大器和喇叭的效果大打折扣。

(4)开机线。开机线的选择取决于激活电流。若是功率放大器需要的激活电流很大,而所用的开机线太细,就不足以激活功率放大器。

(5)电容。电容有稳定电压和滤波的作用,使汽车音响系统的低音获得改善。当音响系统需要传送一个瞬间重低音,而电池无法提供足够的电流时,就要电容来补充系统的电能,有助于降低或消除音响系统的杂音。优质的电容必须具备容量足、耐压够的电解电容。电解电容的放电和储备比一般电容迅速,且寿命较长,它的主要材料是铝箔。

2.汽车音响的加装

汽车的运行环境是十分恶劣的,包括振动、高温、噪声、电磁波等都会干扰车内电子设备的正常工作。汽车音响技术要注意的有、安装尺寸和安装技术、音响本身的避振技术、音质的处理技术、抗干扰技术四点。

1)准备

(1)根据车主的个性化要求、音乐喜好、听音习惯、车型状况和投资标准进行系统优化搭配设计,选择音响系统的器材,如图 5-43 所示。

(2)对车辆外观及有关电器进行仔细检查,

图 5-43　音响器材

并对座椅、转向盘等部位进行安全防护,防止人为损坏和脏污。

2) 止振隔音

汽车门板并不是安装汽车音响扬声器的理想箱体,而箱体对扬声器系统的音质起着关键的作用。所以说,汽车音响中的门板处理,如同民用音响的音箱箱体制作一样,应引起足够的重视。在改装过程中,应重点在以下三方面对门板进行处理,以达到音效高保真的目的。

(1)减振。减振主要是尽量减少安装扬声器部位周围的振动,因为扬声器在工作时,振动板所产生的振动也会导致其周边的钢板部分也产生振动,从而使振动板振动产生非线性失真,影响整体音质。

减振的方法一般是用固定法进行减振,就是在门板的内侧,贴覆硬度较大的减振板如胶板等材料。在扬声器的安装部位,单纯地利用表面来增加刚性还不够,最好是加装刚性较好的垫圈,如图5-44所示。

(2)隔音。由于汽车的特殊性,在减振处理的同时,也要做相应的隔音处理,隔音是隔绝汽车的外界噪声以及在行驶途中的发动机声、路噪声和风噪声等。

隔音的方法是降低固体噪声的传入,一般来说在减振的材料中,会采用双层材料同时做到吸声与隔音的处理,同时在发动机舱盖、防火墙等处都可以贴覆减振材料。而要滤除由空气中传来的噪声,在汽车环境中,比较难以处理。一般只能对汽车的密封性做处理,也就是对汽车的橡胶边条做良好的处理。如果在改装过程中反复拆除橡胶边条,会使汽车密封性变差。在使用时间较长的汽车中,最好是重装新的橡胶边条。

图5-44 加装刚性垫圈

(3)密封。由于前声场的车门就如同音箱的箱体,所以要求门板的密封性非常好。汽车车门上有众多的维修孔,如果没有处理,就会使扬声器的背面所发出的相位相反的声音与前面的声音相干涉,使波长较长的低频衰减严重。

在改装前声场时,密封的处理方法是利用铅板或铝板等将维修孔封闭,如图5-45所示。这样可使低频下潜延伸更低,产生良好的控制力,声音清晰度加强。

3) 安装

(1)套管布线。对配置好的电源线、音频线和喇叭线分别套蛇纹保护管进行保护,如图5-46所示。安装独立熔断丝,紧扣布线。

(2)装配主机。主机的安装,从市面上来看,既有很简单的安装方案也有非常复杂的改装方案。一个成功的主机安装方案,应是综合考虑到改装后的主机与原车的匹配性,并考虑到所有

图5-45 密封车门

的改装配件是否齐全。只有改装的方法得当、配件齐全,才能达到最佳的改装效果。将主机安装到设计好的位置,保证安装牢固,如图5-47所示。

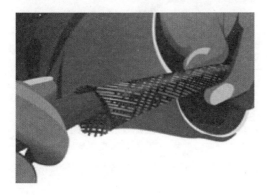

图5-46 套管布线

图5-47 主机的安装

(3)安装功率放大器。将功率放大器按设计位置紧固安装,如图5-48所示。吊装时如果空间准许,要装减振包布木板。

(4)安装喇叭。将塑料喇叭垫、防水罩和密封圈垫好后用螺钉紧固安装喇叭,如图5-49所示。

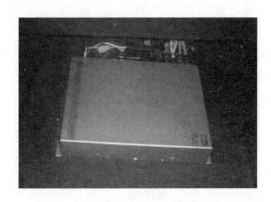

图5-48 安装功率放大器

图5-49 安装喇叭

(5)连接线材。用标配线材按音响器材安全标准和工艺标准进行连接,接头部位要用热熔管做好套管保护。捆扎牢固,并固定好,如图5-50所示。

4)调音

(1)内饰复原。将拆下的各装饰件恢复原状,紧扣到位,如图5-51所示。然后仔细检查有关线路、电路和内饰各部位,对车内做全面的清洁。原车音响器材打包放到行李舱内,装回原车随车所带物品。

(2)初检音响。相位检测,测试可能出现杂音的各种情况,尽量消除杂音或向客户解释原因,如图5-52所示。

图5-50 固定线材

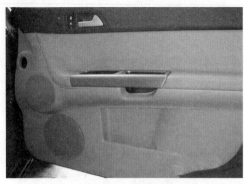 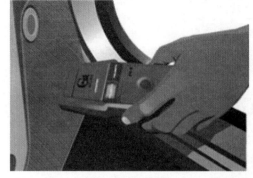

图 5-51 内饰复原　　　　　　　　图 5-52 初检音响

（3）根据车主音乐喜好、听音习惯和器材特性，认真反复调试调节音响系统。尽量向客户详细讲解本套音响的基本使用方法、注意事项等。

①测试低频的质量。劣质扬声器所产生的低频可能会是轰耳欲聋的，但完全是那种臃肿松厚，缺乏层次感和结实感。好的低频应是洁净明快、层次分明，不会拖泥带水，即使各种低频乐器，如大小鼓声、低音吉他和低音贝斯或钢琴的低音，都能轻易分辨出来。

②测试中频的人声。人声是最常听到的声音，优劣并不难察觉，留意人声是否有不寻常的鼻音或是捏着嘴发声的感觉。一些扬声器的声音同样会大大干扰中频，令此频段的声音模糊不清。中频音染相对于其他频率音染而言更为严重，因为大部分可听到的声音频率，或是音乐的频率都集中在中频范围，这点几乎对所有种类的乐曲而言，都会成为重播障碍。

③测试高频的柔韧感。劣质的高频是尖声刺耳，听得人头痛欲裂就像把小提琴或女高音的美声变为制动器发出的尖锐噪声。同样，高音中的不同器乐多产生的不同质感，好的高音是能分辨出来的。如经常说的空气感好就是高音和超高音好的原因。

④测试高音量及音场、结像。一些车载扬声器在低音量时表现稳定，但在音量提升到某个指数便会失真，出现各种非录音中的音乐信号。合乎标准的扬声器在一定程度上做到声音离箱，营造出清晰的音场和结像，显示出不同乐器的分点位置和质感。弱音和尾音应该清楚听见，而在大音量的情况下没有失真，人声和乐器也声不会纠缠不分。在长久聆听下，不会令人耳朵疲劳等。

二、行车记录仪装饰

汽车行车记录仪类似于飞机上的黑匣子，它的工作原理是通过视频记录并循环更新车前或周围的路面情况，甚至连车内录音、汽车的加速度、转向和制动等信息数据也会被记录下来，以备划分交通事故责任时所用。出现车辆碰撞、违规超车导致的追尾、伤及行人等交通事故时，记录仪便能提供相关材料，通过车内的 DVD、手机等载体进行回播画面。

1. 行车记录仪的作用

（1）防"碰瓷"。"碰瓷"现象一直困扰着行驶于城市道路的驾驶员，而行车记录仪的存在就能很好地解决这种问题。遇到一些事故现场痕迹不明显，或者事故现场被破坏掉的情况，行车记录仪可以保留有效视频证据。

（2）事故取证。在交通事故中，遇到难以划分责任的问题时，例如强行变道剐蹭之后切入直道范围内，反而诬陷后车追尾，碰到这种情况，行车记录仪可以提供直观可靠的视频证据。

(3)监控车辆。行车记录仪接通电源后,可以作为停车监控使用。同时,记录仪能够连接无线网络,车主可以通过手机上的配套软件实时监控车辆情况。

(4)拍摄风景。行车记录仪可以记录车前的风景,作为旅途的美好回忆。

2. 行车记录仪的选用

行车记录仪的类型多种多样,摄像头有单个和多个的,拍摄质量有夜视的、广角的等,屏幕尺寸有3寸、3.5寸、4.3寸、5寸、7寸等,视频解析度和帧流率有普清、高清、全高清、超清等。选择行车录仪时,首先要选择有质量保证的大品牌产品,以保证拍摄的影像清晰流畅。记录仪的外观与车辆内饰搭配协调、安装稳固。同时,应注意记录仪的热稳定性要好,把记录仪放到车内,然后将汽车开到阳光下晒一段时间,如果记录仪出现花屏、死机等现象,说明产品质量不好。

3. 行车记录仪的安装

1)记录仪的安装位置和固定方式

(1)正确的安装位置位于后视镜后面或者下方不遮挡视线的区域内,如图5-53所示。如果位于前风窗玻璃的左右两侧,会产生拍摄盲区。如果简单放置于汽车仪表台上,则在汽车遭遇疑似撞击的时候,不能够有足够的视野确定前车头是否真的碰撞,造成取证困难。

图5-53 记录仪最佳安装位置

(2)记录仪常用的固定方式有胶粘和吸盘两种,如图5-54所示。胶粘固定的好处在于安装牢固、不易掉,但是安装好后再更换则会非常不方便,而且还会留下难看的印记。吸盘固定容易拆卸,但是有时吸附力不强,需要注意随时加固。

有些记录仪制作成车内后视镜状(智能后视镜),通过橡胶带套装在车内后视镜的位置,集成了记录仪、导航、倒车影像等多项功能,不占用车内空间,如图5-55所示。

a)胶粘固定

b)吸盘固定

图5-54 记录仪的安装方式

图5-55 智能后视镜的安装

2)布线

通常,行车记录仪都会配备一根长电源线,如果其直接下垂接入点烟器,会在一定程度上影响到驾驶视线,如图5-56所示。

为了避免明线的影响,可以从安装后视镜的位置到顶棚、A柱饰板、杂物箱,通过隐藏布线的方式接入汽车点烟器,如图5-57所示。

图5-56 记录仪直接布线

图5-57 记录仪隐藏布线

(1)布线时,先根据电源线的长度来确定最佳布线方案,先模拟走一遍线,以确定电源线是否足够长。

(2)首先将记录仪的电源线塞进车顶棚的缝隙内,如图5-58所示。卸下A柱饰板上端,将线通过饰板伸到车门密封条处。

(3)拆卸门框密封条,将线塞入门框密封条内,直到仪表台最底端有线甩出来,如图5-59所示。将A柱饰板卡扣对准,用于轻轻将A柱饰板敲进去。

图5-58 顶棚内布线

图5-59 A柱饰板内布线

(4)将电源线穿过杂物箱后边。可以根据不同车型的实际情况,把线固定在杂物箱背后,或者藏在地板下。将电源线插头从仪表台下部伸出,如图5-60所示。

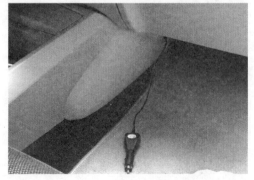
图5-60 杂物箱处布线

(5)为了让点烟器附近看不出有太多的明线,需要把中控台下边的饰板螺钉拧松,扒开一点儿小缝隙,把线塞入缝隙内再将螺钉拧紧。将电源线插在点烟器上,确认行车记录仪能通电并能正常工作,如图5-61所示。至此,安装布线工作完成。

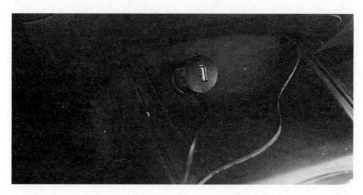

图5-61　从点烟器处取电

如果需要在熔断丝处取电时,要注意将行车记录仪的电源降压线接在点烟器熔断丝处。查找点烟器熔断丝的方法是,可以通过熔断器的标识查找,也可以通过拔掉熔断丝测量点烟器是否有电的方式来确定。同时,要注意采用此种接线方式时,在熔断丝和行车记录仪之间应接有将12V电压转换成5V的降压器,因为记录仪额定电压为5V,直接连接12V电源会造成设备损坏。

汽车玻璃维修工

下篇

◇ 第六章　汽车玻璃损伤的维修
◇ 第七章　汽车窗（门）玻璃的拆装与维护
◇ 第八章　汽车风窗玻璃及其附件的拆装与维护

第六章 汽车玻璃损伤的维修

明亮、坚固的车窗能够给车主带来安全的行车保障、清晰的视野、舒畅的驾车心情。冬天汽车风窗玻璃上很容易结冰霜,夏天汽车风窗玻璃上经常会有很多虫胶,而一年四季又有无数的灰尘。严重时玻璃会有划痕、裂纹等损伤,更会给驾驶员带来很多的麻烦。

第一节 汽车玻璃基础知识

知识要求

1. 汽车玻璃的分类、功能、构造和工作原理(初级要求)。
2. 汽车玻璃的安装方式和性能特点(初级要求)。
3. 风窗玻璃的基本知识和性能(初级要求)。
4. 汽车玻璃金属印刷的原理(初级要求)。
5. 汽车玻璃质量基础知识(中级要求)。
6. 汽车安全玻璃的质量标准知识(中级要求)。
7. 汽车玻璃生产工艺流程和基础知识(高级要求)。
8. 汽车玻璃国内外和企业标志以及玻璃性能标识知识(高级要求)。
9. 夹层玻璃向外张力及内层加热线的基础知识和原理(高级要求)。

技能要求

1. 能正确分辨车身玻璃的类型(初级要求)。
2. 能正确分辨车身玻璃的安装形式(中级要求)。
3. 能正确识读汽车玻璃的标识(高级要求)。

最早安装玻璃的汽车是美国福特出产的T型车,当时是用平板玻璃装在车厢的前端,使驾车者免除风吹雨打之苦。后来,玻璃业逐步涉足汽车工业,制造了多种安全玻璃,比如夹层玻璃、钢化玻璃和区域钢化玻璃等品种,极大地改善了汽车玻璃的性能。现代轿车外形的发展与玻璃工艺的发展息息相关,人们总是从汽车安全和外观的角度去研究和开发汽车玻璃,不断推出新的品种。

一、玻璃的组成和种类

1. 玻璃的组成

玻璃是以石英砂、纯碱、长石和石灰石等为主要原料,经熔融、成型、冷却固化而成的非结晶无机材料。它具有一般材料难以具备的透明性,具有优良的力学性能和热工性质,而且不断向多功能方向发展。玻璃的深加工制品能具有控制光线、调节温度、防止噪声和提高艺术装饰等功能。

(1) 主要原料,是指往玻璃中引入各种组成氧化物的原料,如石英砂、石灰石、长石、纯碱等,按所引入的氧化物的性质,又分为酸性氧化物原料、碱性氧化性原料、碱土金属和二价金属氧化物原料、多价氧化物原料等。按所引入的氧化物在玻璃结构中的作用,又分为玻璃形成氧化物原料、中间体氧化物原料、网络外体氧化物原料。

(2) 辅助原料,是使玻璃获得一些必要的性质和加速熔制过程的原料。它们的用量少,但作用大,根据作用的不同,分为澄清剂、脱色剂、着色剂、乳浊剂、氧化剂、还原剂、助熔剂等。

2. 玻璃种类

1) 平板玻璃

平板玻璃是指未经其他加工的平板状玻璃制品,也称白片玻璃或净片玻璃。按生产方法不同,平板玻璃可分为普通平板玻璃和浮法玻璃。平板玻璃按其用途可分为窗玻璃和装饰玻璃。平板玻璃根据其外观质量进行分等定级,普通平板玻璃分为优等品、一等品和二等品三个等级。浮法玻璃分为优等品、一级品和合格品三个等级。同时,玻璃的弯曲度不得超过0.3%。

平板玻璃的用途有两个方面:3~5mm 的平板玻璃一般是直接用于门窗的采光,8~12mm 的平板玻璃可用于隔断。另外的一个重要用途是作为钢化、夹层、镀膜、中空等玻璃的原片。

2) 安全玻璃

安全玻璃是指与普通玻璃相比,具有力学强度高、抗冲击能力强的玻璃。其主要品种有钢化玻璃、夹层玻璃、钛化玻璃和夹丝玻璃。

(1) 钢化玻璃。又称强化玻璃,是用物理的或化学的方法,在玻璃表面上形成一个压应力层,玻璃本身具有较高的抗压强度,不会造成破坏。当玻璃受到外力作用时,这个压力层可将部分拉应力抵消,避免玻璃的碎裂,从而达到提高玻璃强度的目的。钢化玻璃的弹性比普通玻璃大得多,一块 1200mm × 350mm × 6mm 的钢化玻璃,受力后可发生达 100mm 的弯曲挠度,当外力撤除后,仍能恢复原状。而普通玻璃弯曲变形只能有几毫米。钢化玻璃热稳定性好,在受急冷急热时不易发生炸裂,最大安全工作温度为 288℃,能承受 204℃的温差变化。

使用时应注意的是,钢化玻璃不能切割、磨削,边角不能碰击挤压,需按现成的尺寸规格选用或提出具体设计图纸进加工定制。

(2) 夹层玻璃。夹层玻璃是在两片或多片玻璃原片之间,用 PVB(聚乙烯醇丁醛)树脂胶片,经过加热、加压黏合而成的平面或曲面的复合玻璃制品,如图 6-1 所示。PVB 膜片具有较大的韧性,在承受撞击时会拱起,从而吸收一部分撞击能量,具有一定缓冲作用。由于胶片的黏合作用,一旦破碎,内外两层玻璃的碎片仍能黏结在 PVB 膜片上,碎片也不会飞出伤人。

汽车后风窗玻璃常用的电热玻璃、天线夹层玻璃等都是夹层玻璃。还有遮阳夹层玻璃,是在前风窗玻璃上方夹上一层彩色膜片,在某种程度上起遮阳作用。

(3) 钛化玻璃。钛化玻璃也称永不碎铁甲箔膜玻璃,是将钛金箔膜紧贴在任意一种玻璃基材之上,使之结合成一体的新型玻璃。钛化玻璃具有高抗碎能力、高防热及防紫外线等功能。不同的基材玻璃与不同的钛金箔膜,可组合成不同色泽、不同性能、不同规格的钛化玻璃。钛化玻璃常见的颜色有无色透明、茶色、茶色反光、铜色反光等。

(4)夹丝玻璃。夹丝玻璃也称防碎玻璃或钢丝玻璃。在玻璃熔融状态下将经预热处理的钢丝或钢丝网压入玻璃中间,经退火、切割而成。夹丝玻璃的特点是安全性和防火性好。夹丝玻璃多用于建筑上,汽车上很少用到。

3)环保玻璃

环保玻璃是指能够间接节能的玻璃,包括吸热玻璃和热反射玻璃。有许多轿车风窗玻璃通过镀膜、采用反射涂层工艺或改善玻璃的成分,只让太阳可见光进入车厢内,挡住紫外线和红外线,在很大程度上减轻了乘员受到的炎热之苦。

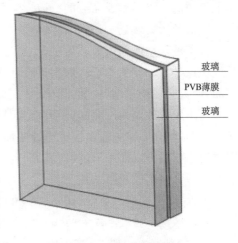

图 6-1　夹层玻璃结构

(1)吸热玻璃。吸热玻璃是能吸收大量红外线和一定量紫外线的辐射能,并保持较高的可见光透过率,还起到反眩作用的平板玻璃。如 6mm 厚的透明玻璃,在太阳光照下总透过热量为 84%,而同样条件下吸热玻璃的总透过热量为 60%。

吸热玻璃的颜色和厚度不同,对太阳辐射热的吸收程度也不同。生产吸热玻璃的方法有两种:一是在普通钠钙硅酸盐玻璃的原料中加入一定量的有吸热性能的着色剂;另一种是在平板玻璃表面喷镀一层或多层金属或金属氧化物薄膜吸热玻璃有灰色、茶色、蓝色、绿色、古铜色、青铜色、粉红色和金黄色等。常用的有前三种颜色的吸热玻璃,厚度有 2mm、3mm、5mm、6mm 四种。

吸热玻璃已广泛用作汽车、轮船风窗玻璃等,起到隔热、防眩、采光及装饰等作用。

(2)热反射玻璃。热反射玻璃是有较高的热反射能力而又保持良好透光性的平板玻璃,它是采用热解法、真空蒸镀法、阴极溅射法等,在玻璃表面涂以金、银、铜、铝、铬、镍和铁等金属或金属氧化物薄膜,或采用电浮法等离子交换方法,以金属离子置换玻璃表层原有离子而形成热反射膜。热反射玻璃也称镜面玻璃,有金色、茶色、灰色、紫色、褐色、青铜色和浅蓝等各色。

热反射玻璃的热反射率高,如 6mm 厚玻璃的总反射热仅 16%,同样条件下,吸热玻璃的总反射热为 40%,而热反射玻璃则可高达 61%。因而常用它制成中空玻璃或夹层玻璃,以增加其绝热性能。镀金属膜的热反射玻璃还有单向透像的作用,即白天能在室内看到室外景物,而室外看不到室内的景物。

二、汽车玻璃使用标准

1.汽车玻璃的生产流程

一般的汽车玻璃采用硅玻璃,其中主要成分氧化硅含量超过 70%,其余由氧化钠、氧化钙、镁等组成,通过浮法工艺制成。在制作过程中,材料加热到 1500℃温度时熔化,熔液通过 1300℃左右的精炼区时浇注到悬浮槽(液态锡)上,冷却到 600℃左右,在此阶段形成质量特别好的平行的两面平面体(上面是熔液平面,下面是液态锡上平面),再通过冷却区域后形成玻璃并被切割成规定的尺寸。然后玻璃再加工成钢化玻璃,优等品钢化玻璃用于汽车。汽车上使用的各种类型成品玻璃,都是在钢化玻璃的基础上进一步加工制作而成的。

2. 前后风窗玻璃

汽车玻璃以前风窗玻璃为主,一般都做成整体一幅式的大曲面形,上下左右都有一定的弧度。这种曲面玻璃不论从加工过程还是从装嵌的配合来看,都是一种技术要求十分高的产品,因为它涉及车型、强度、隔热、装配等诸多问题。

轿车风窗玻璃采用曲面玻璃,首先从空气动力学的角度出发。因为现代轿车的正常时速大都超过100km/h,迎面气流流过曲面玻璃能减少涡流和紊流,从而减少空气阻力。加上窗框边缘与车身表面平滑过渡,玻璃与车身浑然一体,从视觉上既感到整体的协调和美观,又可以降低整车的风阻系数。

另外,曲面玻璃具有较高的强度,可以采用较薄的厚度,对轿车轻量化有一定的意义。

3. 国家标准对汽车玻璃的使用要求

(1)外观要求。加工完毕的成品汽车玻璃,从外观上看应没有明显的气泡和划痕。

(2)夹层玻璃、区域钢化玻璃、钢化玻璃、中空安全玻璃,在一般情况下可以应用于汽车除前风窗玻璃以外的其他位置上。

(3)区域钢化玻璃作为前风窗玻璃时,适用于不以载人为目的的载货汽车,不适用于以载人为目的的轿车及客车等。

(4)钢化玻璃作为前风窗玻璃时,适用于设计时速低于40km/h的机动车。

(5)前风窗玻璃透光率不得低于70%。

(6)轿车的曲面风窗玻璃弯曲拐角处的平整度要高,不能出现光学上的畸变,从驾驶座上的任何角度观看外面的物体均不变形、不眩目。

4. 汽车玻璃标识

汽车玻璃标识包括汽车玻璃相关的认证标志和玻璃产品基本情况标识两部分内容,一般将这些标识印在玻璃左下角的内侧,如图6-2所示。

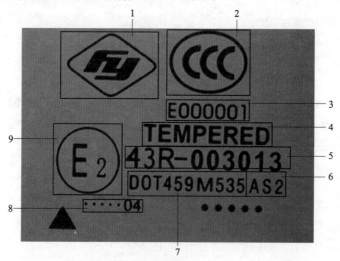

图6-2 汽车玻璃标识

1-玻璃制造商标志;2-中国3C认证合格标志;3-玻璃制造商3C安全认证代码;4-玻璃结构标识;5-欧盟ECE认证代码;6-玻璃性能标识;7-美国交通部安全认证代码;8-玻璃生产日期标识;9-欧盟ECE成员国代码

1)汽车玻璃标志

国产汽车玻璃标志可分为国家安全认证标志、国外认证标志、汽车生产厂标志、玻璃生产企业标志等。

(1)国家安全认证标志,是指汽车用安全玻璃属国家强制认证产品,所以汽车每块玻璃都应有国家安全认证标志,也就是俗称的3C标志,是汽车玻璃最常见也是最重要的标志。代码中的"E"代表安全玻璃认证,后边的6位数字是生产厂家代码,见表6-1。同一品牌不同生产地有不同的代码。

国内部分汽车玻璃生产厂家国家安全认证代码　　　　表6-1

代号	生产商	代号	生产商
E000001	福耀玻璃工业集团股份有限公司	E000015	烟台意华汽车玻璃有限公司
E000002	上海耀皮康桥汽车玻璃有限公司	E000016	洛玻集团洛阳加工玻璃有限公司
E000003	浙江昌盛玻璃有限公司	E000017	荥阳北邙安全玻璃有限公司
E000004	常州工业技术玻璃有限公司	E000018	宁波江花玻璃科技有限公司
E000005	河南省荥阳北邙汽车玻璃总厂	E000022	黑龙江佳星玻璃股份有限公司
E000006	无锡市新惠玻璃制品有限责任公司	E000023	保定三元特种玻璃有限公司
E000007	广东伦教汽车玻璃有限公司	E000024	柳州艾特吉安全玻璃股份有限公司
E000008	日本旭硝子在韩国成立的汽车安全玻璃合作公司	E000026	焦作市巡返特种玻璃厂
E000009	桂林皮尔金顿安全玻璃有限公司	E000027	长春皮尔金顿安全玻璃有限公司
E000011	旭硝子汽车玻璃(中国)有限公司	E000030	上海川沙玻璃制品有限公司
E000012	天津三联工业技术玻璃有限责任公司	E000032	秦皇岛市北戴河渤海安全玻璃有限公司
E000013	杭州安全玻璃有限公司	E000036	萍乡市赣安工业技术玻璃有限公司

(2)国外认证标志。如欧盟(ECE)认证标志、美国交通部安全认证(DOT)标志等,表示该产品也经过这些国外认证机构认证许可,并可以向国外出口。

标志中的"E"代表欧盟标准(ECE),表示许可出口到相应国家(当然有的也仅是代表其生产水准),数字是欧盟成员国代码,见表6-2。后面的字母和数字代表玻璃的认证代码。

部分ECE标志成员国代码　　　　表6-2

代号	国家	代号	国家
E1	德国	E10	南斯拉夫
E2	法国	E11	英国
E3	意大利	E12	奥地利
E4	荷兰	E13	卢森堡
E5	瑞典	E14	瑞士
E6	比利时	E16	挪威
E7	匈牙利	E17	芬兰
E8	捷克	E18	丹麦
E9	西班牙	E19	罗马尼亚

续上表

代号	国家	代号	国家
E20	波兰	E29	爱沙尼亚
E21	葡萄牙	E31	波黑
E22	俄罗斯	E37	土耳其
E23	希腊	E43	日本
E25	克罗地亚	E45	澳大利亚
E26	斯洛文尼亚	E46	乌克兰
E27	斯洛伐克	E53	泰国
E28	白俄罗斯	E54	韩国

标志中"DOT"代表美国交通部认证标准,后面的数字是生产厂家代码,见表6-3。后面的字母和数字是玻璃的认证代码。

部分美国DOT认证厂商代码　　　　　　　　表6-3

DOT代号	生产商	DOT代号	生产商
DOT18	PPG工业	DOT614	长春PILKINGTON安全玻璃
DOT20	日本东京旭硝子有限公司	DOT625	武汉耀华皮尔金顿安全玻璃有限公司
DOT37	圣戈班意大利有限公司	DOT628	河北通用玻璃有限公司
DOT43	PPG工业公司玻璃(法国)	DOT637	东莞KONGWAN汽车玻璃有限公司
DOT47	皮尔金顿公司(芬兰)	DOT640	洛阳玻璃股份有限公司
DOT328	皮尔金顿玻璃(津巴布韦)有限公司	DOT657	扬州唐成安全玻璃
DOT459	福耀玻璃(长春)有限公司	DOT721	常州洪协安全玻璃有限公司
DOT473	桂林PILKINGTON安全玻璃有限公司	DOT742	交城玻璃工业公司有限公司(山西交城)
DOT477	秦皇岛海燕安全玻璃有限公司	DOT747	福耀上海有限公司(上海)
DOT478	常州工业技术玻璃厂	DOT772	圣戈班(上海)有限公司
DOT481	上海FUHUA玻璃有限公司	DOT814	福耀玻璃(重庆)有限公司
DOT586	厦门XINQYUN汽车玻璃有限公司		

(3)汽车生产企业标志,是指玻璃生产企业应汽车生产企业要求在玻璃上印制的该汽车生产厂家标志,如商标、公司名称等。

(4)玻璃生产企业标志。玻璃生产企业会在自己生产的玻璃上印制商标或公司简称,如"FY"就是福耀汽车玻璃的简称。

2)玻璃产品基本情况标识

(1)玻璃类型标识。前风窗玻璃上的"//"代表的是玻璃类型:"一"代表增韧风窗玻璃;"二"代表常规风窗玻璃夹层玻璃;"三"代表夹层玻璃;"四"代表玻璃、塑料;"五"代表其他,玻璃的透光率低于70%;该项没有的情况下,说明风窗玻璃的透光率不小于70%。

(2)玻璃结构标识。夹层玻璃用"LAMINATED"表示,钢化玻璃用"TEMPERED"表示。

(3)玻璃性能标识。例如"AS＊"代表的是玻璃的透光率。其中,"AS1"代表的是这块玻璃的透光率不小于70%,可用于前风窗玻璃。

第六章 汽车玻璃损伤的维修

（4）生产日期标识。其中的数字代表生产年份，从 0~9，十年一循环。例如 2 代表 1992 年、2002 年、2012 年……具体的年份要根据车辆生产年份确定，一般玻璃的生产日期应该在车辆生产日期前的 6 个月之内。月份则要根据数字是在黑点前还是黑点后来决定。点在数字前，表示玻璃是上半年生产的，具体月份用 7 减去点的个数。点在数字后，表示玻璃是下半年生产的，具体月份用 13 减去点的个数。

注意：不同的厂家可能会有不同的标注方法，此处只列举这种最常见的生产日期表示方法。

通过读取图 6-2 所示的玻璃标识，利用玻璃标志的相识知识，可以知道这块玻璃是由福耀集团（长春）有限公司生产的，经过了中国、美国和法国质量认证，能用在车身除前风窗以外部位的钢化玻璃，生产日期是 2004（或 2014 年，具体根据车辆生产日期确定）年 2 月。

三、汽车玻璃的类型

现代汽车上使用的玻璃种类繁多，按不同的分类标准可进行如下分类。

1. 按安装方式分类

按玻璃的安装方式分类，汽车玻璃可以分为固定式玻璃和移动式玻璃。

（1）固定式玻璃分为橡胶密封条固定和黏结剂固定两种，汽车的前后风窗玻璃为典型的固定式车窗玻璃。现代汽车较多采用胶黏法固定，通过黏结提高了车辆的扭转刚性，如图 6-3 所示。对于黏结式固定的玻璃，其外围边缘表面会用专用涂料（用氧化物着色剂如氧化铬、氧化钴和氧化镍使涂料呈黑色）涂装形成不透明框，即所谓"黑边框"。"黑边框"能保证玻璃的黏结强度，增加玻璃整体美观性，还能保护黏结剂避免在阳光下曝晒可能引起的老化。

密封条法在旧式汽车上使用得较为普遍，在新型汽车上也有使用。密封条下部错位开有两

图 6-3 黏结式汽车前风窗玻璃

道沟槽，用来装夹玻璃和窗框钢板的压焊凸缘，上部沟槽能使密封条变形，便于密封条拆卸和安装，如图 6-4 所示。

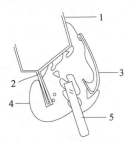

图 6-4 密封条的装配
1-车顶盖板；2-压焊凸缘；
3-外装饰条；4-密封条；
5-玻璃

（2）移动式车窗玻璃，包括前后车门上的玻璃、客车的侧面玻璃以及带天窗车型的天窗玻璃。移动方式有上下移动式、前后平推式、旋转式等多种类型，便于通风换气。

2. 按加工工艺分类

汽车玻璃按照加工工艺分成夹层玻璃、中空玻璃、包边玻璃、天线玻璃、憎水玻璃、加热玻璃、隐私玻璃等。

（1）汽车夹层玻璃，是在夹层安全玻璃的基础上，按汽车的尺寸和其他要求制成的供汽车使用的玻璃。夹层玻璃安全性能最高，常用在汽车前风窗位置，如图 6-5 所示。

① 防弹玻璃，由三层玻璃与 PVB 胶片组合所生产的夹层玻璃，可

以成功地抵御子弹及子弹击碎的玻璃碎片的穿透。

②隔音玻璃，是一种能对声音起到一定屏蔽作用的玻璃，通常为双层或多层复合结构的夹层玻璃。夹层玻璃中间的膜层对声音传播起到的弱化作用，这种膜层可以有效阻挡和吸收一定频率的噪声，最高可达25%以上。

（2）中空玻璃，是由两片或多片浮法玻璃组合而成，玻璃片之间夹有充填了干燥剂的铝合金隔框，用丁基胶黏结密封后，再用聚硫胶或结构胶密封。高档豪华大客车前风窗玻璃多为中空玻璃，如图6-6所示。

图6-5　汽车夹层玻璃

图6-6　大客车前风窗中空玻璃

（3）包边玻璃。包边玻璃是汽车安全玻璃的总成化产品，除了前门玻璃和后门玻璃以外，其他的汽车玻璃产品按照整车设计的需要，都可以加工成为带包边的产品。包边后的玻璃有更好的密封性，外观良好，且可以降低风噪。汽车玻璃包边常用的材料为聚氨酯、热塑性弹性体、三元乙丙橡胶、聚氯乙烯等。

（4）天线玻璃。玻璃上增加一定形状的导体，起到接收天线的作用。天线通常被安装在前风窗玻璃、后风窗玻璃或者侧窗玻璃上，如图6-7所示。天线玻璃中的天线一般只安装在不影响视线的部分。

天线的类型有内嵌天线、印刷天线和透明导电膜天线等几种。内嵌天线玻璃是在风窗玻璃中内嵌密封式天线，天线被放置在内层玻璃和PVB膜之间。印刷天线玻璃是将金属涂料印刷到玻璃（一般是后风窗）的内表面上，然后在玻璃成型炉中经650～700℃的高温烧结后，金属涂料就可以完全烧结在玻璃表面。而透明导电膜天线可以做到完全透明，位于风窗玻璃的内外玻璃板之间，这种薄膜既可以用于遮挡阳光，也可以作为天线使用。但是这种工艺的成本相对较高，应用较少。

图6-7　天线玻璃

（5）憎水玻璃。汽车在雨天行驶时，雨水会沾附在玻璃上而影响驾驶员的视线。虽然刮水器可以刮去前风窗玻璃上的雨水，但刮刷范围有限，且门窗玻璃和后风窗玻璃等无法清洁。使用憎水汽车玻璃，在下雨时，雨水会迅速从上方滑出。同时，在风力的作用下，表面的水滴更容易被吹散，而不易沾附在玻璃上，从而使视野更加

清晰。憎水玻璃的生产方法有以下两种:

①在玻璃表面涂覆低表面能物质,使玻璃表面具有较低的表面自由能。水滴落到玻璃上时,水滴和玻璃无法亲和,从而具有憎水的效果。

②使玻璃表面具有纳米级的微观凸凹表面。水滴落到玻璃上时,水滴与玻璃的接触角更大,因而表现出非常好的憎水效果。

(6)加热玻璃。这种玻璃将细小的电热丝安装在夹层玻璃中的膜片上,通过电阻器与电路连接,如图6-8所示。加热玻璃多用在汽车后风窗位置,从外观上看加热玻璃的加热线分布在玻璃的表面。

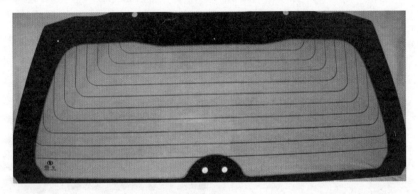

图6-8 加热玻璃

加热玻璃有夹丝加热和印刷材料加热两种不同的加热方式。加热丝具有一定的加热范围,热功率可达到 $3\sim5W/cm^2$,起到防霜、防雾化、防结冰的作用。

(7)隐私玻璃,是指玻璃两侧附有特殊涂层,使玻璃变为暗色,提高车内隐私性的同时,更避免了阳光的照射。能让车内乘客拥有一个更安全、更舒适的车内环境。隐私玻璃多用在汽车后排侧窗部位,如图6-9所示。

另外,汽车玻璃按照其在车身上的位置不同,可分为前风窗玻璃、后风窗玻璃、前门玻璃、后门玻璃、三角玻璃、天窗玻璃、车内后视镜玻璃、车外后视镜玻璃等。

3.其他汽车玻璃制品

汽车后视镜也是汽车上一种重要的玻璃制品。后视镜作为汽车驾驶员的一种安全辅助设施是很重要的。后视镜可分为车内后视镜和车外后视镜。车内后视镜用于观察车内部情况或透过后窗观看车厢和后面道路情况,车外后视镜供驾驶员观察车辆后方情况使用。

图6-9 汽车后侧隐私玻璃

(1)车内后视镜。在夜间行车时,后方车辆远光灯的强光照射到车内后视镜上,可能会产生强烈的反光,造成驾驶员眩目,影响驾驶安全。因此,现代汽车在后视镜制作上采取了防眩目技术,以减弱后面照射的灯光的反射强度,降低强光对驾驶员的刺激。汽车所采用的防眩目后视镜有手动防眩目后视镜、电子自动防眩目后视镜、镀层防眩目后视镜等。

手动防炫目后视镜是一种上厚下薄的楔形型玻璃镜。遇到强光时,需要手动把后视镜扳下来大约15°,这个角度与镜子的楔形尖角相同。这时,看到的是后视镜外表面的反光成像,因为外层是没有镀镜面膜的(有些镀上一层半透膜)。进入人眼的反射光只有入射光的30%~50%,大大地减弱了灯光的强度,起到了防炫目的作用。但是,这时从镜子中看到的后面物体也是很模糊的,要及时把后视镜置于正常状态,如图6-10所示。

电子自动防炫目后视镜是在普通反射平面镜上面放置一块液晶屏,利用液晶通电改变透光率(变色),可以起到降低反射率的效果。

(2)车外后视镜。汽车起步前,驾驶员必须通过车外后视镜,观察侧后方有无来车跟近和后方其他交通情况,方能做出准确的判断和处理,如图6-11所示。如果没有观察车外后视镜而盲目起步,就有可能引发交通事故。特别当车辆在变换车道或行驶于高速公路上时,由于车速较高,必须有宽广的后方视野以增加行车安全。车外后视镜多采用球面镜以扩大视野。车外后视镜的角度可以手动或电动调节。

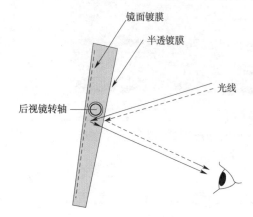

图6-10 手动后视镜防炫目原理

图6-11 车外后视镜

第二节 汽车玻璃的霉变与划痕维修

知识要求

1. 汽车玻璃霉变的常见原因(初级要求)。
2. 汽车玻璃划痕修复的原理及注意事项(初级要求)。
3. 常用修复设备的使用和维护方法(初级要求)。
4. 汽车玻璃维修标准(初级要求)。
5. 玻璃深度划痕处理的技术要点和注意事项(中级要求)。
6. 玻璃主视区划痕修复的技术要点和注意事项(中级要求)。

技能要求

1. 能修复玻璃表层因周边环境造成的霉变(初级要求)。
2. 能修复后风窗玻璃加热丝因氧化而导致的颜色不均问题(初级要求)。

3. 能修复玻璃非主视区深度不超过 100μm 的划痕(初级要求)。
4. 能修复玻璃非主视区深度不超过 150μm 的划痕(中级要求)。
5. 能修复玻璃主视区深度不超过 100μm 的划痕(中级要求)。

一、汽车玻璃的污染

汽车玻璃表面污染按损伤程度可以分为污垢和霉变。

1. 玻璃表面的污垢

玻璃表面的污垢属于一般性污染,与车身表面的污染过程相同,主要是由尘土和泥水引起的。污垢包括外部沉积物、附着物、水渍等。由于这些污染各有自己不同的性质,因此清除它们的难易程度也不同。

2. 玻璃上的霉变

发霉后的玻璃制品表面会失去光泽、透明,呈现彩虹、白斑或贴片现象(不易分离)等。

(1) 玻璃霉变的过程。最初,水或潮气吸附在玻璃表面。随后,水或潮气向玻璃内扩散;表面层中的可溶性硅酸盐被水解和破坏,首先是硅酸钠和硅酸钾等被水解和破坏,形成苛性钠(氢氧化钠)并分离出二氧化硅;分离出来的二氧化硅生成硅氧凝胶,在玻璃表面形成保护性薄膜,阻止了进一步的侵蚀作用。

水解形成的苛性钠,与空气中的二氧化碳作用生成碳酸钠,聚集在玻璃表面,构成表面膜中的可溶性盐。由于它的强吸湿性,吸收水分而潮解,最后形成碱液小滴。当周围的温度、湿度改变时,这些小滴的浓度也随之变化。如果浓缩的碱液小滴和玻璃长期接触时,凝胶状硅氧薄膜可在其中部分地被溶解,而使玻璃表面发生严重的局部侵蚀,形成斑点。

(2) 玻璃霉变的原因。玻璃发霉通常发生在浮法玻璃的空气面(上面),这是因为浮法玻璃下表面与锡液接触,表面渗入一层薄锡,对玻璃起了保护作用。玻璃霉变与玻璃本身的表面特性有关,同时也与浮法玻璃包装前采取的防霉处理措施、包装密封程度、储运条件有密切关系。当浮法玻璃成型、退火后,一般均采取在线包装,此时玻璃的温度为 50~100℃。包装好的玻璃须经库存、运输后才到用户,时间有时很长。如果遇到高温、高湿季节,储运又不当,成箱玻璃会出现发霉。

(3) 霉变程度的检查。采用目测法,在集中的强光下,将玻璃放置在反射光和透射光中观察玻璃表面有无斑点和雾状物。若这些斑点和雾状物用布或水擦不掉,表示玻璃已经发霉。如果在集中的强光下,肉眼观察到少数斑点和薄雾状物则属轻微发霉。如果在集中的强光下,肉眼观察到很多斑点和轻雾状物则属中等发霉。如果在没有集中的光束照射下,肉眼观察到一些斑点和雾状物则属严重发霉。

二、玻璃的清洁维护

1. 准备玻璃清洁剂

(1) 专业的玻璃清洗剂可以使用在玻璃表面以及镀铬件的表面,迅速清洁其上的污渍。

(2) 如果身边没有专用的玻璃清洗剂,也可以自己动手配制。只需要将清水与家用洗洁精或婴儿沐浴露按 100∶1 的比例混合即可,自制的玻璃清洗液不但能清洁玻璃,还能起到一定的防雾效果。缺点是维护功能持续时间较短,一般几天就需要再清洗一次。

2. 玻璃清洁操作

1)清洁车门玻璃

(1)首先将车窗玻璃清洗干净,并刮去水分,将玻璃擦干。玻璃内部也要清洁干净,如图6-12所示。

(2)然后在车窗玻璃内部均匀地喷涂玻璃维护剂,并用毛巾擦拭均匀,使玻璃清澈透明,如图6-13所示。

图6-12 清洁车窗玻璃外部

图6-13 维护车窗玻璃

2)清洁风窗玻璃

(1)首先将前风窗玻璃刮水器升起,彻底清洁玻璃,如图6-14所示。

(2)如果还有不能清洗掉的顽固污渍,可以使用火山泥或者专用的清洗剂进行清理,如图6-15所示。

图6-14 清洁风窗玻璃

图6-15 清除顽固污渍

(3)玻璃的内部也要清洁。对于后风窗玻璃加热丝因氧化而导致颜色不均的问题,可以使用少量细的漆面抛光蜡进行处理。

注意:一定不要使用尖利的工具或材料清洁,防止造成玻璃划痕。

3. 玻璃防雾

(1)玻璃防雾剂。能防止和减少玻璃内表面上形成的雾气,还能防止玻璃上污垢的形成,保持玻璃清洁明亮。

(2)防雾维护。进行玻璃防雾处理时,先将玻璃清洁并擦干。摇匀除雾剂,然后均匀地喷涂到玻璃内表面上,用柔软的毛巾擦干即可,如图6-16所示。

三、汽车玻璃的划痕损伤

汽车玻璃的划痕损伤是由于受到硬物摩擦,在表面产生很浅的印痕。多见于前风窗玻璃上,大多是由于刮水器造成的,比如在未喷玻璃清洗液的情况下刮水器刮脏污的风窗玻璃,很容易产生划痕。玻璃划痕不但影响美观,更主要的是影响驾驶员视线,给行车安全带来隐患。

图 6-16 维护风窗玻璃内部

1. 玻璃划痕的类型

玻璃划痕按程度的不同可以分为轻度划痕、中度划痕和重度划痕。

(1) 轻度划痕。能够观察到,但是用手指肚和指甲感觉不出来。划痕深度在 100μm 以内。此种划痕可以通过抛光去除,修复后的玻璃基本无变形,不影响行车安全。

(2) 中度划痕。能够较容易观察到,手指肚感觉不出来,但是指甲能感觉得到。划痕深度在 100～150μm。此种划痕先用细研磨片磨掉,再通过抛光把玻璃抛亮。修复后的玻璃会有很轻微的变形,对行车安全的影响不严重。

(3) 重度划痕。能够明显观察到,手指肚和指甲能明显感觉得到。划痕深度在 150μm 以上。对于此种划痕,先用粗研磨片磨掉缺陷,再用细研磨片消除粗研磨片的打磨痕迹,最后通过抛光把玻璃抛亮。修复后的玻璃会有轻微的变形,即透过玻璃看直的物体会有些弯曲。所以,汽车前风窗玻璃在驾驶视线范围内的严重划痕不能研磨维修,如图 6-17 所示。

图 6-17 前风窗玻璃的重度划痕

2. 划痕的位置

汽车玻璃不同于其他车身零件,它在起到密封车内空间的同时,还要有良好的透视性能。一般把玻璃中间 3/4 的区域称为主视区,这部分区域是主要的观察区。尤其是前风窗玻璃的主视区内,不能有影响驾驶员视线的因素。如果超过中度的划痕在主视区内,尽可能不要进行维修,而直接更换。

四、划痕损伤的修复

维修玻璃划痕损伤时,先使用研磨片将划痕研磨掉,再使用抛光膏将玻璃抛亮。同时,划痕损伤的维修方法也适用于霉变损伤。

1. 准备

(1) 先将要修复的玻璃周围用胶带围住。以免玻璃抛光时弄脏汽车与周围环境。

(2) 要认真清洗玻璃需要抛光的表面,不能有任何灰尘或沙粒等附着物。

(3) 在玻璃抛光前,先用记号笔在玻璃背后圈出要修复的部位,避免扩大维修区域。

(4) 玻璃抛光研磨片一般为直径为 2in 的砂纸。研磨痕迹粗的切削能力强,适用于重度划痕的研磨。研磨痕迹细的切削能力弱,适用于中度划痕的研磨。选择使用时,可以通过研磨片背面的标号大小区分,标号用"P＊＊＊"来表示,P后面的数字越大膜片越细,数字越小膜片越粗。有些产品通过不同的颜色来区分膜片的粗细,如图6-18所示。

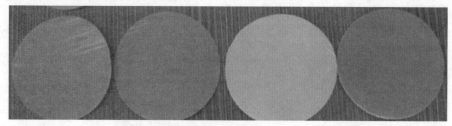

图6-18 研磨片

(5)玻璃划痕抛光剂内部含有能够去除细研磨片研磨痕迹的磨料,能够提高玻璃研磨后的光泽,需要配合研磨机和羊毛轮使用。

(6)研磨机可调速电动抛光机,转速在800～3000r/min,功率在300W以上,前端配直径为2in采用自粘扣的圆形磨垫,便于安装磨片。

2.划痕处理

(1)对于重度划痕,先用粗研磨片研磨,研磨机转速控制在1500r/min以内。

(2)研磨时使用中等压力,磨片与玻璃表面应持平。

(3)使用粗研磨片将划痕基本磨平后,按次序逐步更换更细的研磨片,适当扩大研磨范围,以去除前次的研磨痕迹。同时,研磨机的转速也要同步提高。

(4)当用最细的研磨片研磨完成后,划痕已经完全去除,研磨表面光泽度不高。

3.抛光

(1)研磨机更换羊毛抛光轮,在玻璃研磨部位加抛光剂,并涂抹均匀。

图6-19 划痕抛光

(2)平放抛光轮,起动研磨机,并慢慢移动。抛光处形成白色浆料,如图6-19所示,继续抛去浆料,出现玻璃应有的光泽。

(3)如光泽欠佳,则再次抛光。

4.维修注意事项

(1)根据划痕的程度、位置和长度判断是否能够维修。如果划痕在主视区,并且较深、较长,维修时要慎重。

(2)划痕抛光前要彻底清洁玻璃表面,包括周边的饰条,不能有硬颗粒物。

(3)划痕抛光的范围不要过大,以能够将划痕处理掉为准。

第三节 汽车玻璃裂纹损伤的维修

1.常见汽车玻璃破损形状分析(初级要求)。

2.汽车玻璃裂纹修补的工艺流程(初级要求)。

3. 汽车玻璃裂纹维修注意事项(初级要求)。
4. 不同形状玻璃裂纹损伤修补的工艺流程、技术要点和注意事项(中级要求)。
5. 钻止裂孔的技术要点和注意事项(中级要求)。
6. 修补有弧度玻璃裂纹的工艺流程、技术要点和注意事项(高级要求)。
7. 修补斜度较垂直玻璃裂纹的工艺流程、技术要点和注意事项(高级要求)。
8. 玻璃修补后异常情况的种类与排除(中级要求)。
9. 常用汽车玻璃密封性检测仪器的工作原理和维护方法(中级要求)。
10. 汽车玻璃密封性检测的注意事项(中级要求)。

技能要求

1. 能确定玻璃破损类型并判断是否可以修补(初级要求)。
2. 能判断破损点是否存在暗纹(中级要求)。
3. 能修补小于3cm的风窗玻璃破损点(中级要求)。
4. 能选择止裂孔位置并钻孔(中级要求)。
5. 能修补弧难度较大的玻璃裂纹(中级要求)。
6. 能排除玻璃裂纹修复后产生的水纹、气泡和凹坑缺陷(中级要求)。
7. 能诊断并排除加压中出现的裂纹扩展(高级要求)。
8. 能修补有弧度玻璃裂纹(高级要求)。
9. 能修补小于5cm的综合型玻璃破损点(高级要求)。
10. 能在注胶时进行加压、减压等特殊处理(高级要求)。
11. 能修补有加热线的风窗玻璃(高级要求)。
12. 能同步修补交叉类型的破损点(高级要求)。
13. 能修补斜度较垂直玻璃的裂纹(高级要求)。
14. 能诊断并排除利用仪器检测到的汽车风窗玻璃漏风、漏水等问题(中级要求)。
15. 能使用测漏仪检测玻璃安装后的密封性(中级要求)。

在高速行车时,有时风窗玻璃会被石子或其他硬物弹裂,遇到这种情况,如果为了一个小裂痕就换掉整块玻璃,实在是不值。如果置之不理,风压又会让裂缝越扩越大,不仅影响美观,而且会对安全造成威胁。这时,汽车玻璃修补是较理想的解决办法,它针对玻璃裂缝或小伤口进行处理,操作时间短,不会影响日常用车。

一、裂纹损伤

玻璃的特性是硬度高、透明度高。但是玻璃材质也非常脆,当受到外力撞击时容易受损伤,受损后维修难度大。

1. 裂纹产生的原因

汽车玻璃的裂纹损伤是由于玻璃受到外力作用,从外表到内部产生分裂,严重的会从外表面到内表面完全裂开。并且裂纹会随着继续受力而逐渐扩大增长,甚至造成整块玻璃完全断开。玻璃裂纹损伤也会严重影响美观,并且给行车安全带来更多的隐患。

2. 裂纹的类型

一般汽车玻璃的裂缝会出现线形裂纹、圆形裂纹和星形裂纹三种形状,更多的是多种损伤同时出现的复合形式,维修难度大,维修后的效果也不会让人满意。

(1)线形裂纹。多见于黏结安装的汽车风窗玻璃,如图6-20所示。在使用中玻璃受到剧烈震动后局部受力不均、玻璃表面温度变化过大、重新安装的玻璃位置不佳等,这些都会导致玻璃产生线形裂纹。线形裂纹出现后,若不及时处理,会不断变大,最后造成整块玻璃报废。

(2)圆形裂纹。由于玻璃表面受到外物撞击,造成表面缺损,形成边缘比较规则的圆形凹陷,如图6-21所示。

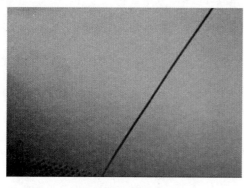

图6-20 线形裂纹

(3)星形裂纹。玻璃受到外物撞击后,形成以撞击点为中心向四周发散的裂纹,所以称为星形裂纹,如图6-22所示。

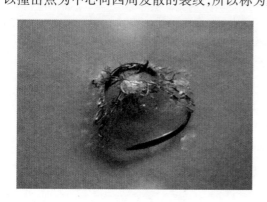

图6-21 圆形裂纹

图6-22 星形裂纹

二、裂纹损伤的修复

玻璃裂纹损伤的修复主要是在裂缝中填补玻璃修补剂,消除缝隙。填补缝隙所用的材料是一种透明度很高的液态胶质,靠紫外线加热可迅速凝固,强度可达到原玻璃的90%以上,并且保证玻璃的透光性良好。

1. 钻孔止裂

汽车玻璃产生线形裂纹,可以在裂纹端点钻孔,防止裂纹继续扩大。其他形式的裂纹则不能用钻孔的方式来止裂。钻孔时用直径4～6mm的专用空心圆形钻头,从外向内打孔。

汽车上有些玻璃采用的是夹层玻璃,例如大部分轿车的前后风窗玻璃,可能只裂了一层,则只能钻有裂纹的玻璃。如果两层都裂了,则分别从两面向中间夹层打孔。钻孔后还需要对裂纹和钻出的孔进行维修。

2. 修复裂纹

1)准备

(1)将玻璃表面清洁干净,尤其是有裂纹的部位。清洁干净以后,玻璃表面要保持干燥。

(2) 保护好仪表板等内饰，防止在施工时玻璃修补剂滴落到内饰表面造成损伤。

(3) 准备好玻璃裂纹修补用的材料和设备，如黏结剂、紫外线灯等。

2) 注胶

(1) 将玻璃裂纹修补支架固定在需要修补的裂纹处，调整好位置和合适高度，确保安装牢固，如图 6-23 所示。

(2) 在支架上安装加液器，保证加液器的加液口与裂纹对正。

(3) 用真空注射器，将玻璃伤口内的空气抽掉。如果裂纹较长、损伤较重，并且所处部位玻璃弧度较大，可以多次抽真空。为防止裂纹继续扩展，要控制好力度。

(4) 在加液口处填以玻璃修补剂（液态胶质）。要加压与减压配合进行，同时，注意加压的力度。经过反复几次抽压后，修补的空间至少有 90% 盛满了填补液。裂纹逐渐变小，直至消失，如图 6-24 所示。

图 6-23　安装支架

图 6-24　填补裂纹

(5) 如果损伤部位有加热线，要注意不能弄断。

3) 干燥和修整

(1) 用紫外线灯上下左右各照射 2min，让修补剂凝固，如图 6-25 所示。

注意：因为紫外线对人体有伤害，在使用时要注意做好防护，切不可直接照射人体。

(2) 修补剂凝固后，伤口的中心点还会有一个小缺口，这时再滴入浓度较高的修补剂，盖上玻璃片，同样用紫外线灯照射烘干。

(3) 用刀片将表面多余的玻璃修补液刮除，涂上玻璃专用抛光剂，用布磨光即可，如图 6-26 所示。

图 6-25　紫外线灯烘烤

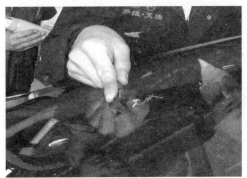

图 6-26　刮平

3. 裂纹修复的注意事项

（1）裂纹修复后，无论是外观还是强度都不能完全恢复到玻璃的原始状态。线形裂纹修复后只会留下一条隐隐约约的线，而且只有在某个反光的角度，才看得到修补的痕迹，平时看到的仍然是一块完好的玻璃。通常一个圆形裂纹，在修补完成以后只会剩下一个小小的圆形痕迹，如图6-27所示。星形裂纹修补后会留下蛛丝状的痕迹。

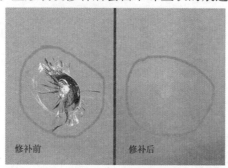

图6-27　玻璃圆形裂纹修补后

（2）对于玻璃已经裂穿的损伤，要及时维修，防止裂纹继续扩大。

（3）一般前风窗玻璃小于3cm的破损点，可由中级专业人员修补。

（4）前风窗玻璃的裂纹大于3cm、裂纹形状较复杂，或者所处的部位玻璃弧度较大，都应该由高级专业人员操作。

（5）不是任何破损都可以进行修补的，一旦玻璃已经断裂分离，或是破成碎片，都是不可修复的，如图6-28所示。而且若是裂痕太大，修补费用也许会与换块新玻璃不相上下，而且修补后还会留下疤痕。因此，汽车玻璃的修补，只有在破损不大的情况下才会采用。

图6-28　破损严重的汽车玻璃

4. 缺陷的排除

对于圆形裂纹，玻璃修补剂固化后，表面可能会产生气泡、凹坑和水纹等缺陷。

（1）修补剂固化后产生的气泡，主要是由于裂纹内部空气没有完全抽净形成的。为了防止气泡的产生，注胶口要完全覆盖住裂纹处，保证抽真空彻底。

（2）对于修补剂固化后产生的凹坑，可以在裂纹处覆盖一块透明的薄塑料片，在塑料片和凹坑之间填补修补剂，以保证将凹坑填平。

（3）修补剂固化后产生的水纹，是由于表面处理不平滑所致。使用锋利的刀片刮平，再进行抛光处理。

注意：使用的刀片刃口要光滑，以免将玻璃表面划伤。

三、玻璃密封性能测试

1. 密封性检测仪

密封性检测仪可用来检测汽车，尤其是汽车玻璃的密封性。常用密封性检测仪采用超声波音响密封测试原理,在被测试设备不加压情况下,将超声波信号发生器放置于设备内部或一端,则超声波信号会充满待测设备内部各个角落,并穿过任何泄漏位置。通过比较显示数值大小和声音信号强弱即可判断密封状况。密封性检测仪主要由以下两个部分组成:

(1)发射器。使用时将发射器置于密室内,发射器上由微处理器控制的超声信号向密室内的各方向发射信号。

(2)接收器。通过接收置于室内的发射器发射的超声波信号级别来评估泄漏级别,泄漏级别用分贝(dB)表示。

2. 检测玻璃密封性

(1)将超声波发生器放入车内并打开。

(2)关上汽车门窗玻璃。

(3)沿着需要检测的部位,用检测仪进行扫描,对风噪和漏水点进行定位,如图6-29所示。

3. 淋水密封性能测试

(1)对于新安装的风窗玻璃,待黏结剂固化后,再进行淋水密封性能试验。

(2)在需要测试的部位反复淋水,或用高压洗车机进行冲水,观察车内部是否有渗漏,如图6-30所示。

(3)如有渗漏,可使用黏结剂进一步加以密封。

图6-29　检测玻璃密封性

图6-30　密封性淋水试验

第七章 汽车窗(门)玻璃的拆装与维护

第一节 车门玻璃及其附件的拆装与维护

1. 车门玻璃的功能、分类、安装方式和固定原理(初级要求)。
2. 车门玻璃升降器的分类、结构和工作原理(初级要求)。
3. 车门玻璃的安装及其注意事项(初级要求)。
4. 车门玻璃升降器的拆装工艺流程、技术要点及注意事项(初级要求)。
5. 车门玻璃托架的工作原理和安装技术要点(中级要求)。
6. 车门玻璃安装故障的种类(中级要求)。
7. 玻璃升降器故障的种类(中级要求)。
8. 车门锁工作原理和故障排除方法(高级要求)。
9. 电气元件工作原理知识(高级要求)。

技能要求

1. 能拆装车门护板(初级要求)。
2. 能更换不同类型的车门玻璃(初级要求)。
3. 能拆装各种类型的玻璃升降器(中级要求)。
4. 能进行手动玻璃复位(中级要求)。
5. 能诊断和排除玻璃与玻璃托架不稳固故障(中级要求)。
6. 能排除玻璃升降器异响故障(中级要求)。
7. 能拆装有电动遮阳帘、中控装置的门饰板(高级要求)。
8. 能将电动车窗的玻璃复位(高级要求)。
9. 能诊断并排除电动玻璃升降器一键升降和防夹功能等故障(高级要求)。
10. 能诊断并排除玻璃安装后车门锁故障(高级要求)。

一、车门玻璃的安装形式

车门玻璃基本上都是可上下移动的,便于通风换气。移动的车门玻璃靠升降器驱动,按玻璃与升降器的连接方式分为紧固件固定方式和黏结固定方式。

第七章 汽车窗(门)玻璃的拆装与维护

1. 紧固件固定方式

采用紧固件固定时,所用的紧固件为螺钉或铆钉,并配有塑料垫或橡胶垫,以免与玻璃直接接触而造成玻璃破损。如图7-1所示,紧固件穿过玻璃把玻璃固定到升降器槽或托架上,胶垫则垫在玻璃与紧固件及托架之间。

2. 黏结固定方式

采用黏结方式固定时,用黏结剂把玻璃与托架固定在一起,如图7-2所示。托架上通常设有U形槽,内置若干个垫块,以防止玻璃与金属槽或托架直接接触。

3. 车门玻璃密封

车门玻璃的两侧和上部都靠导槽密封,导槽与玻璃接触部分多用静电植绒,如图7-3所示。车门玻璃密封条装在玻璃导槽内,起缓冲和弥补导槽制造误差的作用。

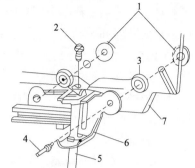

图7-1 紧固件固定的车门玻璃
1-夹持衬板;2-螺钉及垫圈;3-垫块;4-铆钉;5-导轨;6-托架;7-玻璃

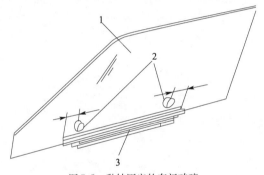

图7-2 黏结固定的车门玻璃
1-玻璃;2-垫块;3-托架

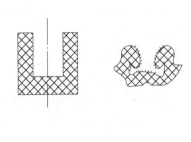

图7-3 车门玻璃导槽

移动式车门玻璃一般采用双面密封,以防止灰尘与雨水进入车内,同时还能隔音,并可避免脏物附着在车门玻璃上。双面密封的几种常见形式,如图7-4所示。

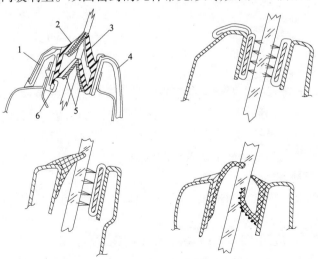

图7-4 双面密封常见形式
1-车外侧嵌条;2-车外侧密封条;3-车内侧密封条;4-车门内护板;5-植绒;6-卡头

二、车门玻璃升降器

玻璃升降器是调节车门玻璃开度大小的专用部件,其功能是保证车门玻璃平衡升降、车门玻璃能随时并顺利地开启和关闭;当手柄不转动时,玻璃应能停在任意位置上,既不能向下滑,也不能由于汽车的颠簸而上下跳动;锁上车门后,能防止外人将玻璃降下而进入车内。

1. 玻璃升降器的类型

升降器根据操作方式分为手摇式和电动式两种;按结构不同,分为杆式和钢绳式两种。杆式玻璃升降器又分为 X 形双臂式、单臂式等三种。

1)杆式玻璃升降器

(1)X 形双臂式玻璃升降器。

①手动 X 形双臂式玻璃升降器构造,如图 7-5 所示。转动手柄时,和手柄轴一体的小齿轮带动扇形齿轮转动,以手柄回转中心为支点使升降臂摆动,玻璃托槽推动玻璃上下移动。

②电动 X 形双臂式玻璃升降器。在交叉的双臂中,一根是可动的升降臂,另一根是与之保持相对角度的平衡臂,两个交叉臂像钳子一样动作,两臂的端部在玻璃托槽中移动,使玻璃托槽平行地升降运动,推动玻璃的升降,如图 7-6 所示。

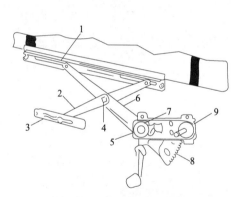

图 7-5 手动 X 形双臂式玻璃升降器
1-玻璃托槽;2-平衡臂;3-平衡臂托槽;4-交叉臂支点;5-回转中心点;6-升降臂(主动臂);7-扭簧;8-扇形齿轮;9-手柄轴

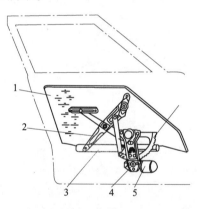

图 7-6 电动 X 形双臂式升降器
1-玻璃;2-升降臂;3-托槽;4-齿轮箱;5-电动机;6-扇形齿轮

X 形双臂式玻璃升降器是由两臂端部滚轮的两个支撑点支撑玻璃升降。在玻璃上下移动过程中,支撑中心始终接近或重合于玻璃质心,载荷变动小,因此其运动平稳,升程较大,升降速度快,该结构适用于尺寸大而形状不规整的车门玻璃。图 7-7 所示为 X 形双臂式玻璃升降器在玻璃处于最高和最低两个位置时的状态。

(2)单臂式玻璃升降器。

单臂式玻璃升降器由单点支撑玻璃,其运动轨迹为弧线,在水平方向产生分力,水平位移较大,影响了玻璃升降的平稳性,所以要求玻璃导轨要平直。但由于其结构简单,与车门关联比较少,因此被广泛应用于形状规整的矩形窗框或有避让要求的后车门上。

单臂式玻璃升降器结构,如图 7-8 所示。当转动手柄(或电动机驱动)时,通过小齿轮带动扇形齿轮及升降臂(单臂)回转,由此推动玻璃托槽及玻璃升降。

第七章 汽车窗(门)玻璃的拆装与维护

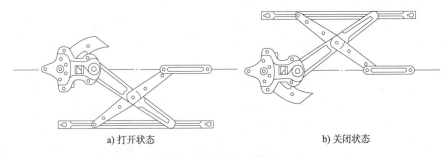

a) 打开状态　　　　　　　　b) 关闭状态

图 7-7　X 形双臂式玻璃升降器的两个极限位置

与上例结构不同的,有采用一根导杆的单臂结构,如图 7-9 所示。即当升降臂回转时,它的端部沿导杆移动,并支撑玻璃升降。这种结构的特点是,玻璃前后方向的倾斜在安装导杆时调整,玻璃插入部分由下构件调整。

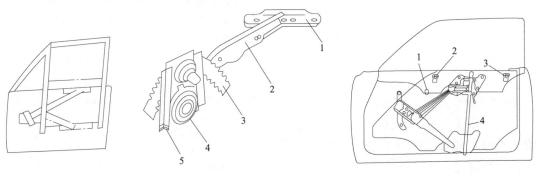

图 7-8　单臂式玻璃升降器　　　　　　图 7-9　有一根导杆的单臂式玻璃升降器
1-玻璃托槽;2-升降臂;3-扇形齿轮;4-平衡弹簧;5-固定板　　　1-稳定器;2-挂钩;3-下构件;4-导杆

2) 钢绳式玻璃升降器

钢绳式玻璃升降器是通过摇转手柄时驱动机构牵拉钢索来驱动玻璃托架移动的,其结构如图 7-10 所示。

图 7-11 所示为钢绳的两种不同缠绕形式。

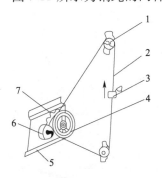 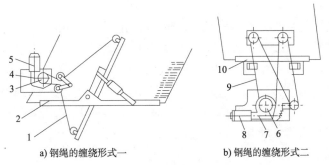

　　　　　　　　　　　　　　　a) 钢绳的缠绕形式一　　b) 钢绳的缠绕形式二

图 7-10　钢绳式玻璃升降器　　　　　　图 7-11　钢绳的两种缠绕形式
1-滑轮;2-钢绳;3-玻璃托架;　　　1、9-钢绳;2-玻璃安装导槽;3、6-钢绳卷筒;4、7-齿轮减速器;5、8-电动
4-钢绳卷筒;5-座板;6-小齿　　　机;10-玻璃托槽
轮;7-扇形齿轮

钢绳式结构的优点是手柄位置可自由布置,钢绳的松紧度可利用张紧轮进行调节,结构简单、加工容易、体积小、质量小,由于玻璃装配在运动托架上,所以玻璃的运动始终能与钢绳平行,玻璃升降过程均十分顺畅。但由于这种升降机对自身倾斜没有保持能力,因此必须设置玻璃导轨。

2. 玻璃升降器电动机

电动式玻璃升降器由可逆直流电动机和减速器取代摇手柄,可通过控制按钮实现集中控制,如图7-12所示。电压方向可正反向切换,使电动机轴可正反向旋转,电动机轴端设有蜗轮蜗杆机构作为一级减速,在蜗轮轴上的小齿轮驱动升降器扇形齿轮进行二级减速,进一步带动升降臂。

3. 制动机构

制动机构的作用是防止玻璃升降器倒转。这种机构通常采用弹簧胀圈式结构。如图7-13所示,它是由制动鼓1、制动弹簧3、传动轴2和联动盘6等元件组成的。制动鼓用铆钉7固定在底板8上,是不动件;制动弹簧是一个螺旋形扭力弹簧,在自由状态时,外径稍大于制动鼓内径,在给予一定预紧

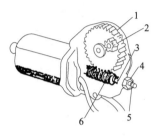

图7-12 玻璃升降器用电动机
1-蜗轮;2-小齿轮;3-滚珠;4-锁紧螺母;5-推力调整螺钉;6-蜗杆

而径向变形的情况下,装进制动鼓内。传动轴与手柄连接,而联动盘则通过铆接在盘上的小齿轮5、扇形齿板4和传动臂与玻璃托槽相连接。当摇动手柄时,传动轴转动超过空行程(间隙b)后继而带动弹簧(使弹簧直径缩小)一起旋转;当转过了留有间隙a(使弹簧离开制动鼓的最小值)以后,又推动联动盘转动,此时玻璃便可以升降。反之,当外力作用于玻璃时,联动盘推动弹簧使其扩张,于是弹簧与制动鼓内壁之间的压紧力增大,并产生与运动方向相反的摩擦力矩,阻止联动盘继续转动,因而玻璃不会自行下降。

三、车门玻璃及附件的拆卸

1. 拆卸车门饰板

车门饰板的安装结构,如图7-14所示。不同的车型,车门附件种类及安装方法不同。通常,附件通过螺钉连接,有些在螺钉头部有装饰帽,需先用一字螺丝刀(或专用工具拆下装饰帽后才可见螺钉)卸下。车门饰板与车门之间均用卡扣连接,所有紧固螺钉都卸下后,即可卸下车门饰板。饰板卸下后,需要将连接线束从插头处断开、将门锁拉杆与车门开启拉手断开。具体拆卸流程如下:

(1)拆卸车门玻璃时,应先将其移动至安装位置,在这个位置才能拆卸车门玻璃的固定螺钉。

(2)拆下车门开启拉手、车门装饰条和中控扶手盖板等,露出内部的螺钉,如图7-15所示。然后卸下所有的紧固螺钉。

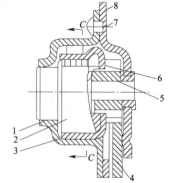

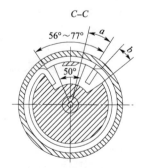

图7-13 制动机构
1-制动鼓;2-传动轴;3-制动弹簧;4-扇形齿板;5-小齿轮;6-联动盘;7-铆钉;8-底板

第七章 汽车窗(门)玻璃的拆装与维护

(3) 拧下门锁内部锁止按钮护帽,如图7-16所示。

(4) 如果玻璃是手动升降式的,还要卸下升降器摇柄,如图7-17所示。

(5) 拆下车门装饰板。用专用工具(图7-18)从装饰板底部一角开始撬起装饰板,视需要用专用工具配合撬出卡扣,如图7-19所示。

(6) 向外拉内饰板,使其与车门分离。向上抬内饰板,取下车门内操作装置的拉索,如图7-20所示。

(7) 找到导线插接器,断开导线连接,如图7-21所示。取下车门饰板。

(8) 拆卸中控开关。断开中控开关的连接插头后,用螺丝刀依次撬下各个控制开关,如图7-22所示。注意不能撬坏。

(9) 拆卸车门玻璃遮阳卷帘。拆卸安装玻璃遮阳卷帘的车门内饰板时,先将饰板拆下。然后取下导向条、盖帽和卷帘摇把。拧下卷帘的固定螺钉,即可将卷帘取下,如图7-23所示。

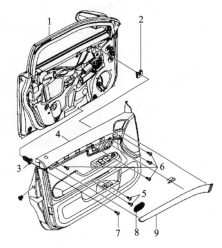

图7-14 前门内饰板的拆卸
1-车门;2-卡扣螺母;3-膨胀螺母;4-车门饰板;5-扶手盖板处螺钉;6-装饰条处螺钉;7-螺钉;8-扶手盖板;9-装饰条

a) 车门开启拉手固定螺钉

b) 拆卸车门开启拉手

图7-15 拆车门内附件

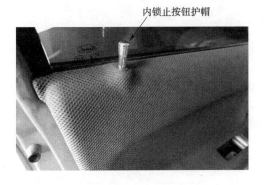

图7-16 拧下内锁止按钮护帽

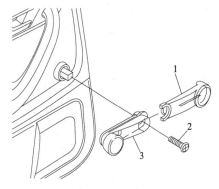

图7-17 拆卸摇柄
1-摇柄;2-盖板;3-固定螺钉

图 7-18 拆车门内装饰板专用工具

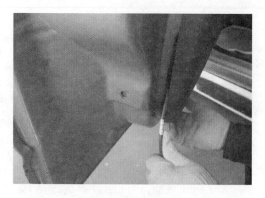

图 7-19 撬开装饰板

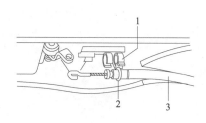

图 7-20 拆卸车内门锁开关拉索
1-导向槽;2-挂钩;3-门锁开关拉索

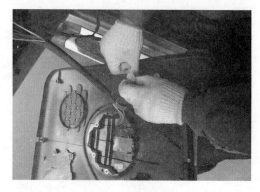

图 7-21 断开导线连接

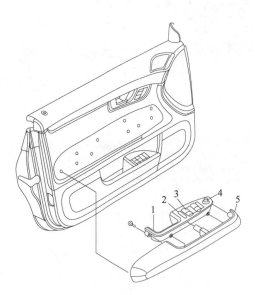

图 7-22 拆卸中控开关
1-扶手;2-中控锁控制开关;3-玻璃升降器控制开关;4-车外后视镜调节开关;5-扶手盖板

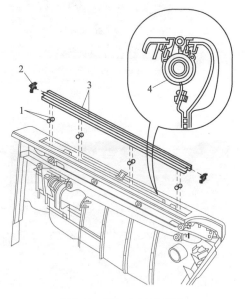

图 7-23 拆卸玻璃遮阳卷帘
1-固定夹;2-盖帽;3-导向条;4-卷帘

2. 拆卸车门玻璃

拆下车门饰板后,撕开车门内侧的防水保护膜,此时即可分步拆卸车门玻璃、升降器电机、升降器、门锁等。

(1)拆开车门玻璃密封条,如图 7-24 所示。密封条不需要全部拆卸,只将一侧的密封条拆离窗框即可,其增大的空间就足以取出玻璃。

注意:大多数车门玻璃的拆卸需要此操作步骤;但如果车门玻璃较小或形状较规整,可不用拆卸密封条。

(2)由助手协助固定住玻璃,防止其掉入车门内。也可用楔形塞或专用工具在下窗框与玻璃之间塞紧,如图 7-25 所示。

图 7-24　拆开车门密封条

图 7-25　固定玻璃

(3)从车门内板检修孔处找到玻璃与导轨间的固定螺钉,如图 7-26 所示。拆下螺钉(通常为 2 颗),即可使玻璃与导轨脱离连接。

(4)向上、外方向提拉玻璃,即可将其拆下,如图 7-27 所示。

注意:有时为了能够取出玻璃,向上提拉时需要改变玻璃的倾斜角度。

图 7-26　玻璃固定螺钉

图 7-27　取出玻璃

3. 拆卸升降器电动机

一般玻璃升降器电动机可以在任意电动机位置或任意玻璃位置拆下,但是如果车型有定位要求,一定要按技术说明书要求操作,以免玻璃安装后无法复位。

拆卸电动机前,先断开线束插头连接。然后卸下升降器电动机的固定螺钉,取下升降器电动机,如图 7-28 所示。

4. 拆卸玻璃升降器

卸下升降器和导轨的固定螺钉,同时取下升降器和玻璃导轨,如图 7-29 所示。

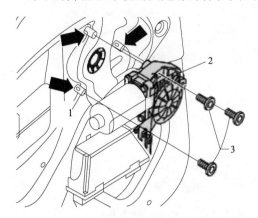

图 7-28　玻璃升降器电动机拆卸
1-螺纹销;2-电动机;3-电动机固定螺钉

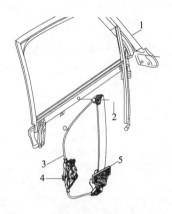

图 7-29　拆卸玻璃升降器(单导轨)
1-车窗框;2-导轨固定螺钉;3-拉索;4-升降器;5-托架

四、安装与调整

1. 安装玻璃升降器和电动机

(1)安装升降器和导轨时,一定要注意导轨的位置。如果是双导轨,要保证两侧导轨的位置满足车型技术要求,如图 7-30 所示。

(2)位置确定好后,按规定力矩拧紧固定螺钉,防止松动。

(3)安装电动机。安装电动机时,先将螺纹销安装到车门上。按规定力矩拧紧电动机的固定螺钉。

2. 玻璃的安装和复位

(1)将玻璃安放到固定夹内,将玻璃与托架连接,螺钉不要拧紧,如图 7-31 所示。

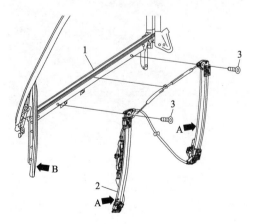

图 7-30　安装玻璃升降器和导轨(双导轨)
1-车门;2-玻璃升降器导轨;3-固定螺钉;A、B-导轨安装位置要求

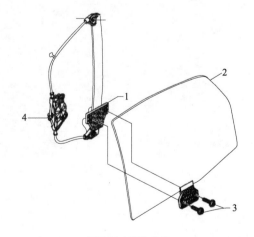

图 7-31　安装玻璃
1-托架;2-玻璃;3-固定螺钉;4-升降器

(2)将车门玻璃升起到完全关闭的状态,检查两端水平方向上的高度是否合乎标准,如图 7-32 所示。

(3)玻璃位置确定无误后,按规定力矩拧紧固定螺钉。

3. 玻璃复位

(1)如果是手动升降式玻璃,需要将摇把调整到如图 7-33 所示位置,α 角要满足车型规定要求。

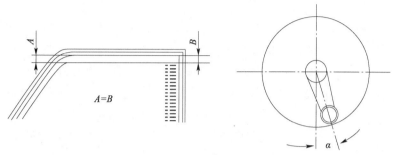

图 7-32　检查并安装密封条　　　图 7-33　手动玻璃升降摇把复位

(2)大部分的电动车窗,在更换电动机、车门玻璃等操作后,需要对车窗初始化设置。否则,车窗就没有自动开闭功能、防夹功能。初始化设置的操作步骤如下(不同的车型设置方法和要求不一定完全一致):

①按压车窗按钮,让车窗降到下部极限位置。

②保持按压位置 15~25s。

③将开关切换至上升位置(关闭)并一直按住不动。此时,车窗自动到达下部极限位置,然后重新回到上部极限位置。在重新到达上部终端位置之后,初始化设置结束。

4. 饰板的安装

安装时,按与拆卸相反的顺序进行,并注意以下几点:

(1)损坏的或无弹性的卡扣应换新件。

(2)螺钉应按规定力矩拧紧。

(3)安装完成后,应做玻璃升降功能检查,如玻璃升降不顺畅,应检查调整密封条。

五、玻璃升降系统检查

1. 升降器检查与故障排除

检查车门玻璃故障之前,应按不同方向轻轻摇动玻璃。

(1)玻璃振动异响。可能是玻璃升降器或导轨螺钉松动,解决方法是检查并紧固松动的螺钉。

(2)玻璃升降器卡滞。导致这种故障的原因可能是玻璃导轨变形或损坏、导轨安装位置偏差、升降器固定螺钉松动或者玻璃升降器损坏。维修方法主要是清洗或更换玻璃导轨,检查松动的螺钉并紧固,调整玻璃位置。玻璃升降轨道内润滑是很重要的。

2. 电控系统检查与故障排除

1)故障现象和原因

(1)所有玻璃升降器都无法工作。造成这种故障的原因可能是开关电源线脱落、继电器接触不良或损坏、熔断丝烧毁。维修方法是检修电路、维修或更换损坏的零件。

（2）某个车门玻璃升降器不工作。可能的原因是某个开关或电动机损坏、线路接触不良或脱落。维修方法是检修电路、维修或更换损坏的零件。

2）故障检查和排除

（1）开关。主要检查电动车窗主控开关、各分开关各端子之间的导通情况。当车窗开关处于上升、关闭和下降的不同工作状态时，导通状态均应良好。如开关损坏或接触不良，应予以更换。

（2）检查继电器的工作状态，如图7-34所示。将12V蓄电池的正极接继电器的第85脚，蓄电池的负极接第86脚；用万用表的欧姆挡，测量继电器的第30脚和第87脚，万用表的读数应为0Ω，说明继电器良好。否则，说明继电器已损坏，应予以更换。

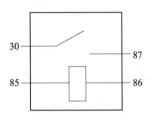

图 7-34　继电器的检查

（3）检查电动机的运转情况，如图7-35所示。

①正转情况检查。将蓄电池的正极接电动机第1脚，蓄电池的负极接电动机的第2脚，如果电动机能正常转动，说明电动机正转正常。否则，说明电动机有故障，应进行修理或更换。

②反转情况检查。将蓄电池的正极与电动机第2脚相接，蓄电池的负极接电动机的第1脚，如果电动机反转，且转速十分稳定，说明电动机反转正常。否则，说明电动机有故障，应进行修理或更换。

六、车门锁的拆装与调整

1. 车门锁结构

汽车使用的锁按其锁体结构，可分为钩子锁、舌簧锁及卡板锁等形式。车门锁基本都使用卡板锁，由锁本体、内开机构和安全锁三部分组成，如图7-36所示。锁止状态时，卡板伸入锁环中。解锁时，拉动操纵手柄，拉索使卡板逆时针转动而脱离锁环，用手拉车门把手即可打开车门。

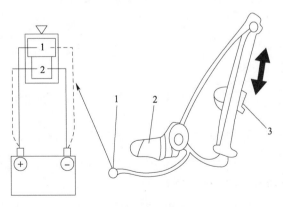

图 7-35　电动车窗电动机的检查
1-电动机导线第1脚；2-电动机导线第2脚；3-玻璃托架

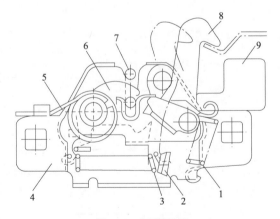

图 7-36　卡板锁结构
1-辅助挂钩弹簧；2-锁紧手柄；3-复位弹簧；4-锁体；5-举升弹簧；6-卡板；7-锁扣；8-辅助挂钩；9-辅助挂钩离合器

2. 中控门锁的电路

如图 7-37 所示,以左前门锁的开锁和关锁说明中控门锁的工作过程。

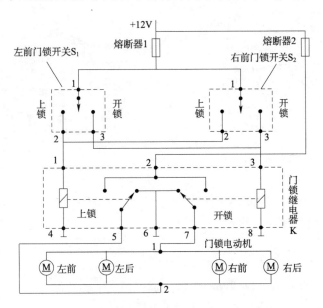

图 7-37 典型中控门锁电路图

1) 开锁过程

(1) 用左前门锁开关开锁时,电流从蓄电池经熔断器 1、左前门锁开关 S1 接柱 3、门锁继电器 3 接柱、开锁电磁铁线圈搭铁。

(2) 开锁继电器常开触点闭合后,电流从蓄电池流经熔断器 2,经门锁继电器 2 接柱、开锁继电器常开触点、门锁继电器 7 接柱、4 个门锁电动机、门锁继电器 5 接柱、锁定继电器常闭触点、门锁继电器 6 接线柱搭铁,门锁电动机开锁。

2) 关锁过程

(1) 用左前门锁开关锁门时,蓄电池电流经熔断器 2、左前门锁开关 S1 接线柱 2、门锁继电器 1 接柱、锁定电磁铁线搭铁。

(2) 锁定继电器常开触点闭合后,蓄电池电流经熔断器 2、门锁继电器 2 接柱、锁定继电器常开触点、门锁继电 4 接柱、4 个门锁电动机、门锁继电器 7 接柱、开锁继电器常闭触点、门锁继电器 6 接柱搭铁,门锁电动机上锁。

3. 车门锁的拆装

车门锁及其操纵装置的安装位置,如图 7-38 所示。拆卸流程如下:

(1) 打开车门,拆下内饰板。

(2) 在车门侧面卸下门锁固定螺栓。

(3) 分离车锁与外车门把手、内操纵杆以及门锁电动机的连接。

(4) 取下锁体和车门把手。

(5) 按与拆卸相反的顺序进行安装。

(6) 安装完毕后,进行检查。

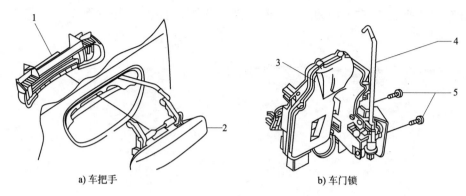

图 7-38 车门锁的拆装
1-车门把手支座;2-车门把手;3-车门锁;4-操纵杆;5-螺钉

4. 车门锁的故障诊断与排除

1)常见故障

(1)机械故障而不能完成开锁或上锁动作。

(2)电动机内部电路有短路或断路不能完成开锁或上锁动作。

(3)门锁继电器故障造成不能完成开锁或上锁动作。

(4)门锁开关故障,造成执行器不能动作等。

2)故障检修诊断步骤

(1)拆下车门内装饰,脱开电动机与门锁连杆的连接,用手拉动门锁连杆(及门外锁拉手),观察门锁开关情况是否正常。若不能正常开锁或锁门,应检查故障部位并排除;若正常,进行下一步检查。

(2)检查门锁电动机。拔下与电动机连接的插接器,在电动机的端子处将蓄电池电压直接加在电动机上,看电动机能否完成开锁或上锁动作,然后交换蓄电池正负极再测一次,看执行器能否上锁或开锁。若某一电动机不动作,应予以更换。

(3)检查电源接入情况。用万用表直流电压挡,检查门锁开关 1 端子是否有蓄电池电压。若无蓄电池电压,应排除蓄电池经熔断器 1 到左、右前门锁开关 S1 和 S2 的 1 端子电路的断路故障。若有蓄电池电压,再检查门锁继电器 2 号端子是否有蓄电池电压。若无蓄电池电压,应排除蓄电池经熔断器 2 到门锁继电器 2 端子电路的断路故障。若正常,进行下一步检查。

(4)检查左、右门锁开关拨到不同位置时,端子 1、2、3 之间的导通情况是否符合要求。若不符合要求,应更换门锁开关;若符合要求,检查门锁继电器。

(5)检查门锁继电器时,应先用万用表电阻挡检查继电器线圈的电阻值,应与规定值相符。如果电阻过小或无穷大,则需更换继电器。然后检查继电器的动作和触点的通断性,常闭触点在动作前导通、动作后断路,常开触点动作前断路、动作后导通。如果在连接电源时继电器不动作,或其触点的通断情况不正常,则需更换继电器。

第七章　汽车窗(门)玻璃的拆装与维护

第二节　车窗玻璃及其附件的拆装与维护

知识要求

1. 车窗玻璃附件的功能和用途(初级要求)。
2. 天窗玻璃总成的结构和类型(中级要求)。
3. 天窗玻璃的拆装方法(高级要求)。
4. 电动天窗玻璃电气元件基础知识(高级要求)。

技能要求

1. 能拆卸固定式侧窗玻璃的固定装置、装饰条和玻璃(初级要求)。
2. 能安装固定式侧窗玻璃并调整到位(初级要求)。
3. 能更换推拉式有框式车窗玻璃并调整到位(初级要求)。
4. 能更换无框式侧开式车窗玻璃(初级要求)。
5. 能诊断并排除侧窗玻璃安装后运行不畅故障(中级要求)。
6. 能拆装单片、全景天窗玻璃(高级要求)。
7. 能拆装固定式和电动滑动式相结合天窗玻璃(高级要求)。
8. 能够进行天窗玻璃复位(高级要求)。
9. 天窗玻璃故障排除方法(高级要求)。

一、侧窗玻璃的拆装与维护

侧窗玻璃一般采用钢化或区域钢化玻璃,货车和小型客车等多采用密封条式安装,轿车的三角侧窗和豪华型客车多采用黏结法安装。多数车辆的侧窗都是采用固定式安装的,有些车型的侧窗采用推拉式开启,便于通风换气。

推拉式侧窗的结构类型很多,通常将侧窗各部件装成总成,再将总成从外向内推入,到位后用紧固螺钉与止口连接,最后装密封条,如图7-39所示。

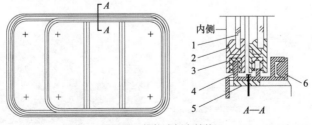

图7-39　推拉式侧窗结构

1-玻璃；2-玻璃密封条；3-内窗框；4-外窗框；5-螺钉；6-侧窗密封条

汽车上所有密封条式安装的玻璃,拆装方法基本相同。但是由于玻璃尺寸、形状、安装位置的不同,拆装难度会有不同。密封条式安装的侧窗玻璃拆装方法如下:

1. 拆卸

(1) 拆下内装饰板上的附件。用专用工具撬开装饰板,找到卡扣位置并撬出卡扣,拆下内装饰板。

注意:内饰板通常无须全部拆下,有时只要使装饰板离开一定距离即可;还有些车型无须拆下内装饰板即可拆下侧窗玻璃。

(2) 用专用工具从车内侧玻璃下沿处边角开始撬起橡胶密封条,并向外推玻璃,如图7-40。沿玻璃下沿逐渐移动专用工具重复上述操作,直到下侧玻璃脱离窗框。

图7-40 撬起玻璃密封条

(3) 车外由助手协助向外拉,即可拆下玻璃,如图7-41所示。

2. 安装

(1) 清洁窗框。

(2) 将拉绳沿玻璃一周塞进密封条的卡槽内,如图7-42所示。塞拉绳时应从玻璃上沿中部开始,对称地向两边,再沿两侧边最终在玻璃下沿中部汇合,用胶带将绳端部暂固定在玻璃内侧。

图7-41 拆下玻璃

(3) 由助手将玻璃从外侧对正窗口推靠到窗口上,操作手在车内双手同时拉拉绳,即可将橡胶条的内翻边拉进窗框里侧,如图7-43所示。沿玻璃一周将全部密封条内翻边均拉进窗框里侧,车外助手沿玻璃一周用力推压,确认玻璃安装到位。

图7-42 塞拉绳

图7-43 安装玻璃

(4)安装内装饰板及附件。

3. 检查和调整

为检查安装效果,用密封性检测仪或压力水枪向玻璃喷水,以检查密封性。

二、天窗的拆装和维护

1. 汽车天窗的作用

汽车天窗是在汽车顶部设置的窗口,加装天窗的主要目的是有利于车厢内通风换气。车厢换气包括进气和排气,没有天窗的汽车,进气是由进风口采用鼓风等方法来实现的。空气是利用行车时车体内外产生的正负压差,使车厢内气体通过缝隙和排气孔排出。此种进气、排气方式使得排气不通畅,进气受阻,车内空气无法得到快速更新。天窗换气利用的是负压原理,打开天窗时首先将车内的空气抽出,而不是直接进风,污浊的气体被抽走后,根据平衡原理,会从进气口补充进来经过过滤的新鲜空气。采用这种先排气后进气的换气方式,可加快空气的更新速度,对空调的影响也很小。

2. 天窗的类型

天窗按运动形式可分移动式和固定式,按面积大小可分为普通天窗和全景天窗。移动式天窗的开启方式分为外滑式、内滑式、倾斜式等,有手工移动和电动机驱动等类型。天窗玻璃多采用钢化玻璃,为防止玻璃采光带来的温度升高,可使用具有金属薄膜的热反射玻璃。

(1)外滑式。天窗在车顶的上面滑动,并以电动机驱动,如图7-44所示。

(2)内滑式。天窗在车顶与车顶内衬之间滑动,如图7-45所示。

图7-44 外滑板式天窗

图7-45 内滑板式天窗

(3)滑板加倾斜向上的形式。在外滑板中加上天窗后端向上的机构,如图7-46所示。

(4)固定玻璃式。在天窗开口位置装上玻璃,不用装拆及倾斜机构。在玻璃天窗的构造中,还应装有遮阳板,进行采光与遮光调节,如图7-47所示。

3. 天窗的结构

滑板式天窗的构造如图7-48所示,它由遮阳顶盖总成、支架、滑动机构(包括钢索、电动机)等组成。

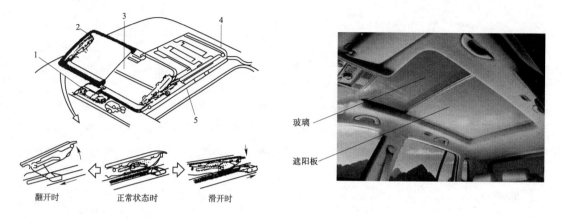

图7-46　滑板加倾斜向上的形式　　　　　　图7-47　固定玻璃式天窗
1-电动机；2-遮阳天窗；3-遮阳板；4-支架；5-驱动钢索

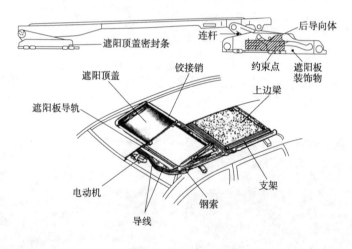

图7-48　滑板式天窗

（1）遮阳顶盖总成。如图7-49所示，遮阳顶盖总成由遮阳通风栅、密封条、外板总成及板扣等组成。

（2）车顶支架，如图7-50所示。车顶支架与导轨成为一体，是支撑天窗的骨架，增强了安装刚度。为了减小车顶支架的质量，支架采用超轻型树脂，内板、遮阳板、托架等也有使用铝合金的。

（3）滑动机构。如图7-51所示，在车顶支架的前方安装电动机，驱动齿轮旋转，齿轮带动钢索并拉动滑板移动。

钢索和在支架导轨上移动的滑块连接，可动滑块的移动带动了滑板式的天窗移动。同时，由调整用滑块补偿长度的变化，使钢索始终保持一定的长度，如图7-52所示。

第七章 汽车窗(门)玻璃的拆装与维护

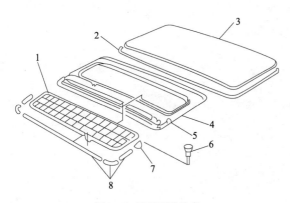

图 7-49 遮阳顶盖总成
1-遮阳通风栅;2-密封条;3-外板总成;4-遮阳板总成;5-钩扣;6-螺钉;7-板夹子;8-护圈

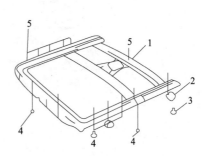

图 7-50 车顶支架
1-导轨总成;2-托架;3-螺钉;4、5-双头螺钉

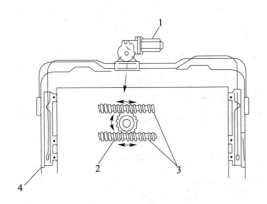

图 7-51 滑动机构
1-驱动电机;2-齿轮;3-钢索;4-后滑块

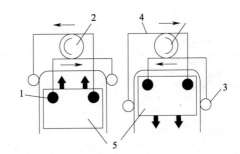

图 7-52 钢索连接
1-可动滑块;2-齿轮;3-调整滑块;4-钢索;5-遮阳顶盖

(4)驱动电机总成,如图 7-53 所示。驱动电机总成由驱动电机、小齿轮、凸轮、减速齿轮、离合器、限位开关等组成。限位开关内装位置传感器及离合器,它们与电动机一起组成驱动单元。

滑板式天窗移动的位置信号检测由限位开关执行,如图 7-54 所示。限位开关中凸轮的凸起部位压在微动开关上,三个凸起可分别检测出滑板天窗全开、全闭、倾斜向上、自动动作(天窗由全闭到全开自动动作)等动作。

为防止驱动电机过负荷运转,设置离合器及电流断路器用以保护电动机。当拉不动天窗的时候,则离合器空转,可起到防止电动机超负荷的作用。

4. 天窗的拆装

1)拆卸

(1)向后打开天窗约 100mm。

(2)分开左、右两侧的保持夹,并向后滑移天窗,如图 7-55a)所示。

(3)关上天窗。

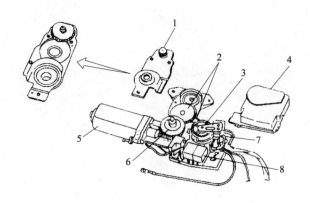

图 7-53 驱动电机总成
1-小齿轮；2-减速齿轮；3-凸轮；4-开关盖；5-驱动电机；6-离合器；7-限位开关；8-继电器

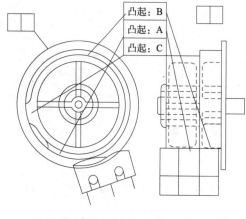

图 7-54 限位开关

(4) 从两侧倾斜机构上拆下螺钉 1、2、3，如图 7-55b) 所示。

(5) 向上举起即可拆下天窗。

(6) 根据需要下拆下天窗盖板。在不拆下天窗板时，也可拆下天窗盖板，步骤如下：

① 打开天窗约 100mm。

② 开固定夹，向后滑动盖板。

③ 用胶带保持左、右两侧夹子不动，使夹子不能卡住天窗倾斜时的天窗板，如图 7-55c) 所示。

④ 关上天窗，向前滑动盖板，向后拉开并取下。

2) 安装和调整

安装天窗时，按与拆卸相反的顺序进行，注意各螺钉的紧固力矩要求。如果在安装中需要对天窗板高度进行调整，则按下述程序进行：

(1) 前部高度调整。松开图 7-56a) 中的螺钉 1 和 2，使天窗板的前部符合图 7-56b) 的高度尺寸要求，然后拧紧螺钉（紧固力矩为 4~5N·m）。

(2) 后部高度调整。松开图 7-56a) 中的螺钉 2 和 3，使天窗板的后部符合图 7-56b) 的高度尺寸要求，然后拧紧螺钉（紧固力矩为 4~5N·m）。

如果需调整天窗板的初始位置，则按下述程序进行：

① 拆下电动机。

② 用内六角扳手锁住导块 2 和后导板 1，如图 7-57 所示。当把内六角扳手插入后，滑动后导块和导板，使之尽可能向后至极限位置。

③ 在初始位置（"0"位置）上安装电动机。

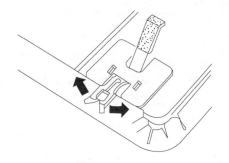
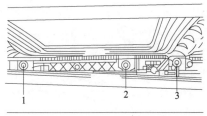

a) 向后滑移滑动车顶　　　　b) 拆下滑动车顶蒙皮

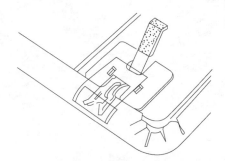

c) 用胶带粘住两侧夹子

图 7-55　天窗的拆卸（奥迪轿车）

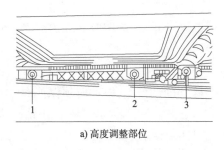

a) 高度调整部位　　　　b) 高度尺寸要求

图 7-56　调整天窗高度尺寸

5. 汽车天窗的加装

1）准备

（1）将需要加装天窗的汽车清洗干净，并仔细检查车况。

（2）安装天窗最好在相对密闭的环境中进行，并把车门和座椅用保护套套好，防止污损。

（3）准备好需要用到工具和设备。

（4）检查需要加装的天窗零件。打开包装盒，里面有一张安装图纸。这不但是一张安装图纸，而且还是一张定位模板。模板的外框尺寸就是在车顶上挖

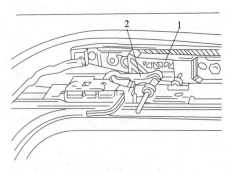

图 7-57　调整导板的初始位置
1-后导板；2-导块

孔的尺寸，上面的字母 A 和字母 B 是和另一模板的对应，如图 7-58 所示。安装图纸的下面，还有车内边框、电动机、操作面板、说明书等。天窗的玻璃是隔辐射的，呈灰黑色。

2）定位

定位开天窗的位置前，要注意原车的车顶结构，开天窗的部位一定要避开车顶上横梁，如图 7-59 所示。如果在开天窗的过程中将上横梁损坏，会降低驾驶室的整体刚度，严重影响车辆的安全性能。

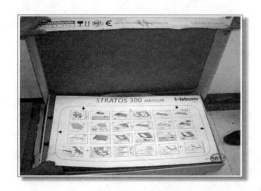

图 7-58 汽车天窗套装

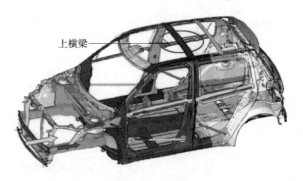

图 7-59 车顶结构

图 7-60 内部模板定位

（1）内部定位。车内饰模板是用来定位车内饰板要挖的孔的大小。将剪下的模板贴着车内饰板，进行定位，如图 7-60 所示。

（2）外部定位。将车顶模板放在车顶上，按要求量好尺寸，然后用胶条粘好定位，如图 7-61 所示。

（3）钻定位孔。用手电钻在模板上字母 A 和字母 B 的部位钻孔，此时须保证内外模板要完全重合，如图 7-62 所示。然后在钻孔部位插入螺丝刀加强固定。

3）划线开孔

（1）切割内饰板。用刀片依照车内的模板切割内饰板，注意切割边缘要整齐，如图 7-63 所示。

（2）切割车顶外板。车顶外板是 1mm 厚度左右的钢板，在切割时要使用专用的切割工具，比如曲线锯、电动剪板机等。操作前，要在车顶用剪刀剪一个洞，便于剪切工具起步切割。然后，沿着外模板的边缘将天窗位置剪出来，如图 7-64 所示。

（3）处理切口。首先将切口部位的毛边打磨光滑，然后在露出的金属断面上喷涂防锈漆。

4）安装天窗

（1）将天窗的玻璃部分和铝框部分组合安装，调整好位置后，安装固定螺钉，保证强度，如图 7-65 所示。

第七章 汽车窗(门)玻璃的拆装与维护

图 7-61 外部模板定位

图 7-62 钻定位孔

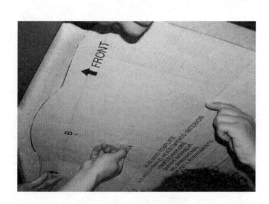

图 7-63 切割内饰板

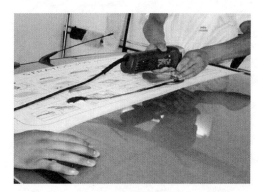

图 7-64 切割车顶外板

（2）接线。拆开仪表板、A柱部位的饰板。将天窗的电源接到汽车电源上，在A柱上要打一个螺孔，连接搭铁线。而且还要将控制线接到车锁上，以保证车锁关闭时天窗自动关闭功能的实现。然后进行天窗线束的布置，并安装电动机。

（3）安装拆卸下的内饰件，同时不要忘记将天窗部分的内饰密封件安装固定好，如图7-66所示。在实际工作中，该操作步骤最好在天窗的各项功能验证无误以后进行，便于在有问题的时候能及时调整。

图 7-65 安装天窗

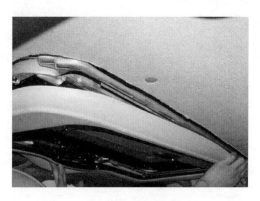

图 7-66 安装内饰件

5）功能验证

（1）基本功能验证。调节控制开关,验证天窗的各项功能是否能够实现。如果有故障,要及时查找并排除。

（2）密封性检查。对加装天窗的车辆进行密封性检查。在车顶部位反复淋水,观察车内部是否有渗漏。有条件的情况下,最好用高压洗车机进行冲水试验,因为高压水枪喷出的水压力很高。

第八章 汽车风窗玻璃及其附件的拆装与维护

第一节 风窗玻璃附属装置的拆装与维护

知识要求

1. 汽车风窗玻璃附件的功能与特性相关知识(中级要求)。
2. 风窗玻璃电器连接件的工作原理及安装测试方法(中级要求)。
3. 汽车玻璃相关附件的装配构造知识(高级要求)。
4. 后风窗玻璃除雾器故障排除方法(高级要求)。
5. 后风窗玻璃加热线检测和维修方法(高级要求)。
6. 玻璃印刷天线故障排除方法(高级要求)。
7. 雨感器故障排除方法(高级要求)。

技能要求

1. 能拆装螺丝类型的导流板、装饰条、内饰板、内后视镜(初级要求)。
2. 能拆除感应器刮水器(中级要求)。
3. 能拆除无保护罩式车内后视镜(中级要求)。
4. 能拆除与风窗玻璃连接的各类电气元件(中级要求)。
5. 能诊断并拆除附件是否有损坏(中级要求)。
6. 能复位电器连接件并测试(中级要求)。
7. 能拆装有定位装置、电器连接双支臂式的刮水器(高级要求)。
8. 能拆装有夜视、抬头显示、雨感与光感相结合类型车内后视镜(高级要求)。
9. 能诊断并排除后风窗玻璃除雾器故障(高级要求)。
10 能焊接风窗玻璃加热线、天线插头(高级要求)。
11. 能诊断并排除玻璃印刷天线故障(高级要求)。
12. 能诊断并排除雨感器故障(高级要求)。
13. 能拆装夹层风窗玻璃上的隐形加热线、天线装置(高级要求)。

一、刮水装置的检查与维护

刮水装置由电动机(减速器、连杆机构与电动机制成一体)、刮水器和控制开关组成。

1. 刮水器的类型和结构

1) 刮水器的类型

刮水器可按刮水刷片的不同停置方式、刮刷形式以及动力来源分为若干类。

(1) 按刮水刷片的停置方式分类。风窗刮水器按刮水刷片的停置方式可分为复位外露式、降位外露式、复位凹入式、降位凹入式、隐蔽式和隐藏式等多种形式。

自动复位是指刮水刷臂与刮水刷片在刮水器电动机电路切断以后，复位到风窗玻璃的下沿，即正常刮刷的低限位置。

自动降位是指刮水刷臂与刮水刷片自动停放到比正常刮刷低限位置还要低的位置。

凹入式刮水器在风窗玻璃的底部设有凹槽，刮水刷臂与枢轴的接合位于凹槽内，此种方式能使刮水刷臂与刮水刷片部分或全部掩蔽。凹入式刮水器有自动复位与自动降位之分。当采用自动降位方式时，刮水器在运行过程中，刮水刷臂与刮水刷片均外露，而当刮水器停止时，刮水刷臂与刮水刷片均沉入凹槽之内。

隐蔽式只有自动降位方式，在风窗玻璃的底部设有一凹槽，当刮水器停止时，刮水刷臂与刮水刷片全都进入凹槽内。

隐藏式是当刮水器不用时，刮水刷臂与刮水刷片全部被隐蔽，而且还用活动盖盖住。

(2) 按刮刷形式分类。刮水器刮水刷片在风窗玻璃上的刮刷形式，如图 8-1 所示。一般刮水器都装有两个或两个以上的刮水刷臂和刮水刷片，当在风窗玻璃上同时同向摆动时称为同向刮刷形式，图 8-1a)、b)、f) 都属于此种形式，应用最广，是刮水器传统的刮刷形式。图 8-1b) 所示为两根枢轴间距很小的同向刮刷形式，对高速行驶汽车有良好的适应性。采用双刮水刷臂 (也称四连杆刮水刷臂) 可改变刮水刷臂与刮水刷片之间的角度关系，可使刮水刷片刮到终端时，能平行于车窗的侧柱，有效地扩大驾驶员左方的视野。图 8-1c) 所示为单刮水刷片刮刷形式，具有良好的高速适应性，多用于赛车或后窗上。

两个刮水刷臂与刮水刷片在风窗玻璃上同时反向摆动称为反向刮刷形式，此种形式的缺点是，刮刷时会在风窗玻璃中部形成一个由风窗顶部向下延伸的刮不到的倒三角区域，而且要求两个刮水刷臂与刮水刷片的摆动必须紧密协调，以避免在玻璃中部发生互碰与卡住

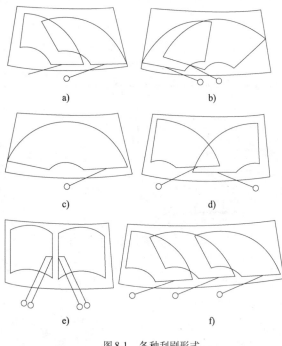

图 8-1 各种刮刷形式

现象。因而应用范围不广。反向刮刷式也有单刮水刷臂与双刮水刷臂之分，对窄而高的风窗玻璃，采用双刮水刷臂为宜。图 8-1d) 所示的就是双刮水刷臂的反向刮刷形式，能确保两

第八章 汽车风窗玻璃及其附件的拆装与维护

侧的车外后视镜有宽阔的视野。图8-1e)所示为用于大客车上的双刮水刷臂反向刮刷形式,由于采用双刮水刷臂,有效地扩大了驾驶员的视野。图8-1f)所示为大型载货汽车上所采用的三个刮水刷片平行联动刮刷形式。

除同向刮刷与反向刮刷以外,还有一种交叉刮刷形式,此种刮水器停止时,两个刮水刷片是互相对置的,而在工作时,装在驾驶员前面的刮水刷片摆动次数比前排乘客前面的刮水刷片摆动次数多一倍,但此种形式已很少使用。

(3)按驱动刮水器的动力来源分类。有真空式、气动式、液动式与电动式等。

真空式刮水器在20世纪50年代以前使用普遍,它是利用发动机进气管内的真空为动力,去驱动一根无须减速的、做摆动运动的输出轴,但由于真空度随着发动机的工况变动而变动,所以稳定性很差,已被淘汰。气压式刮水器只限用于具有空气压缩机的载货汽车、大客车上,其结构与真空式刮水器相同。液动式刮水器一般利用汽车的液力转向泵,其输出轴也为摆动式。电动式刮水器的电动机电源为蓄电池,所以不管下雨、下雪,都不会影响刮水器的作用。

2)电动风窗刮水器

电动风窗刮水器的结构,如图8-2所示。刮水器的左右刮水刷片总成3被刮水刷臂2压靠在风窗玻璃外表面上。电动机11驱动减速机构12旋转,并通过驱动杆系13做往复运动,带动刮水刷臂和刮水刷片总成左右摆动刮刷风窗玻璃。

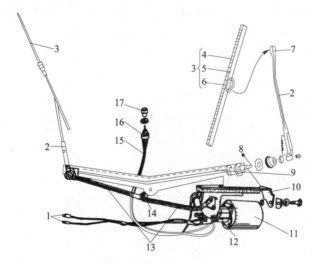

图8-2 电动风窗刮水器

1-电线接头;2-刮水刷臂;3-刮水刷片总成;4-橡胶刷片;5-刷片杆;6-刷片支座;7-刷片支持器;8-刮水刷臂心轴;9-刮水器底板;10-电动机安装架;11-电动机;12-减速机构;13-驱动杆系;14-驱动杆铰销;15-电线束;16-刮水器开关;17-开关旋钮

刮水电动机按其磁场结构的不同有线绕式和永磁式两种。

(1)线绕式电动机刮水器。它是通过改变磁通来实现变速的,图8-3所示为线绕式电动刮水器的工作原理。

当刮水器开关在Ⅰ挡位置(低速)时,电流由蓄电池正极经电源开关8、熔断器7、接线柱②、接触片9,然后分成两路。一路通过接线柱③、串励绕组1、电枢至蓄电池负极而形成回

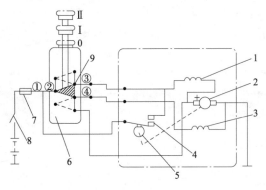

图 8-3 线绕式电动机刮水器工作原理
1-串励绕组；2-电枢；3-并励绕组；4-触点；5-凸轮；6-刮水器开关；7-熔断器；8-电源开关；9-接触片

路；另一路通过接线柱④、并励绕组至蓄电池负极而形成回路。此时，在串励绕组1和并励绕组3的共同作用下，磁场增强，电动机以低速旋转。

当刮水器开关在Ⅱ挡位置（高速）时，电流由蓄电池正极经电源开关8、熔断器7、接线柱②、接触片9、接线柱③、串励绕组1、电枢2至蓄电池负极而形成回路。此时，由于并励绕组3被隔出，磁场减弱，于是电动机以高速旋转。

当刮水器开关在0挡位置（停止）时，如果橡胶刷片未停在合适的位置，与电枢联动的凸轮5使触点4闭合，如图8-4a)所示，这时电流由蓄电池正极经电源开关8、熔断器7、接线柱①、触点4、串励绕组1、电枢2至蓄电池负极构成回路，于是电动机继续转动。当与电枢联动的凸轮5转至图8-4b)所示位置时，触点4分开而电路被切断；但由于电枢旋转时的惯性，电枢不能立即停止，于是电动机便以发电机运行发电。此时，电枢电流所产生的电磁作用力与原来电枢的旋转方向相反，于是便产生制动转矩，使电动机迅速停止转动，刮水器便停止工作，而橡胶刷片便停在风窗玻璃下部适当的位置。

（2）永磁式电动机刮水器。永磁式电动机刮水器的电动机结构如图8-5所示，与线绕式电动机基本相同，只是磁极为永久铁。永磁式电动机磁场的强弱不能改变，为了改变刮水器工作速度，通常采用三刷式电动机，其工作原理见图8-6。

当刮水器开关在Ⅰ挡位置（低速）时，电流由蓄电池正极经电源开关1、熔断器2、电刷B_3、电枢线圈、电刷B_1、接线柱②、接触片、接线柱③至蓄电池负极形成回路。此时，电枢线圈产生的磁场与永久磁铁的磁场相互作用，使电动机转动，由于电刷B_3与B_1是相对的，它们接通的电枢线圈磁场与永久磁铁的磁场方向垂直，穿过电枢线圈的磁通量最大，因此电动机以低速旋转。

当刮水器在Ⅱ挡位置（高速）时，电流由蓄电池正极经电源开关1、熔断器2、电刷B_3、电枢线圈、电刷B_2、接线柱④、接触片、接线柱⑧至蓄电池负极形成回路。由于电刷B_3和B_2所接通的电枢线圈磁场与永久磁铁磁场方向偏转了一个角度，使永久磁铁的磁通穿过电枢线圈的数量减少，因此电动机以高速旋转。

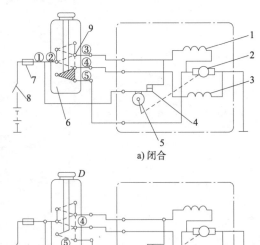

a) 闭合

b) 分开

图 8-4 线绕式电动机自动复位原理
1-串励绕组；2-电枢；3-并励绕组；4-触点；5-凸轮；6-刮水器开关；7-熔断器；8-电源开关；9-接触片

当刮水器开关在0挡位置(停止)时,如果橡胶刷片未停在合适的位置,触点6与铜环9接通,如图8-6b)所示。此时,电流由蓄电池正极经电源开关1、熔断器2、电刷 B_3、电枢线圈、电刷 B_1、接线柱②、接触片、接线柱①、触点臂5、触点6、铜环9至蓄电池负极形成回路。此时,电动机继续以低速旋转,当蜗轮旋转到图8-6a)所示位置时,触点4和6通过铜环7接通,而回路中断。但由于电枢转动时的惯性,电动机不能立即停下来,因而电动机以发电机运行而发电。因为电枢线圈所产生的电磁作用力与原来电枢的旋转方向相反,于是便产生制动转矩,使电动机迅速停止转动,而橡胶刷片便停在风窗玻璃下部适当的位置。

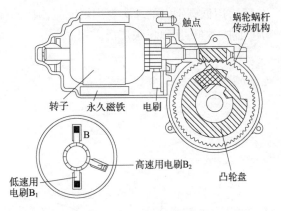

图8-5 永磁式刮水器电动机

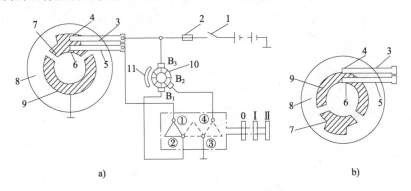

图8-6 永磁式电动机刮水器工作原理

1-电源开关;2-熔断器;3、5-触点臂;4、6-触点;7、9-铜环;8-蜗轮;10-电枢;11-永久磁铁

3)刮水器的联动机构

刮水器的联动机构一般与蜗轮蜗杆机械部分做成一体。蜗轮蜗杆机构的作用是减速增矩,其输出轴带动连杆机构,通过连杆机构把连续的旋转运动改变为左右摆动的运动。

(1)四连杆机构。其作用是把电动机的旋转运动转变为刮水器轴的摆动运动。

一般连杆机构的效率为80%~90%,刮刷角度在110°范围以内,如图8-7所示。由于连杆机构具有构造简单、制作容易、价格便宜等优点,所以被广泛采用。

(2)联动机构。各种刮刷形式的连杆机构以不同的组合方式形成各种联动机构。图8-8为同向刮刷的串联联动机构、图8-9为同向刮刷的并联联动机构、图8-10为反向刮刷的串联联动机构、图8-11为反向刮刷的带有交叉连杆的联动机构、图8-12为具有减少刮水刷片升力作用的结构紧凑型同向刮刷联动机构。

各种形式风窗刮水器的联动原理图,如图8-13所示。

如果希望刮水刷片的刮刷角大于110°,可采用交叉连杆式连杆机构或齿条扇形齿轮式的连杆机构,如图8-14所示。

由于一般车身形状与风窗玻璃外形不可能既使连杆机构在同一平面上工作,又使刮水器电动机的输出轴与各个刮水器轴(枢轴)平行,因此连杆之间的连接多采用球窝接头(图

8-15),用低碳钢做的球头与用聚缩醛制作的保持器结合的球窝接头在工作中既无噪声又耐用,且成本低,所以已被广泛采用。

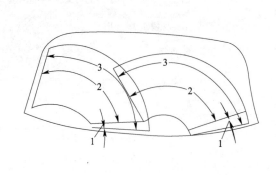

图 8-7 刮刷角与停位角
1-停位角;2-刮刷角;3-全刮角

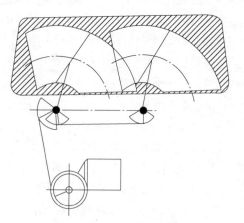

图 8-8 同向刮刷的串联联动机构

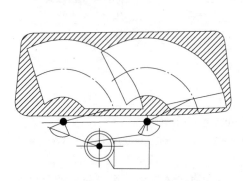

图 8-9 同向刮刷的并联联动机构

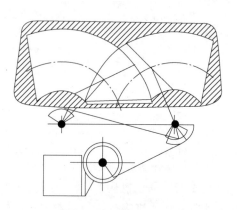

图 8-10 反向刮刷的串联联动机构

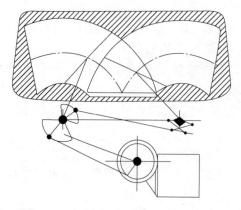

图 8-11 反向刮刷带有交叉连杆的联动机构

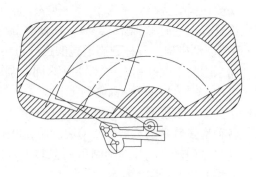

图 8-12 紧凑型同向刮刷联动机构

第八章 汽车风窗玻璃及其附件的拆装与维护

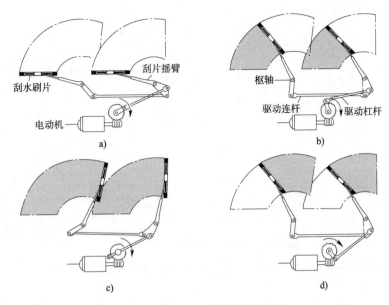

图 8-13 几种形式刮水器的联动原理

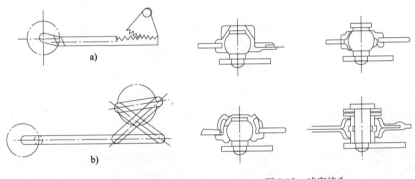

图 8-14 扩大刮刷角的连杆机构　　图 8-15 球窝接头

由于车身式样的改进,风窗玻璃多为复杂的曲面形状。为了使刮水刷片能沿着曲面平衡地进行刮刷,特别要求在任何刮刷位置上,刮水刷片必须垂直于风窗玻璃曲面切线,其允许误差角为 $\pm 8°$。因此,必须慎重确定刮水器轴的位置与其安装方式。

4) 刮水刷臂与刮水刷片

刮水刷臂与刮水刷片是刮水器的工作部件,也是刮水器仅有的外露部件。

(1) 刮水刷臂。刮水刷臂由装于刮水器轴上的刮水刷臂头部、刮水刷片的弹簧、固定刮水刷片的刮片杆以及夹持架所构成,如图 8-16 所示。

在曲面风窗玻璃上刮刷时,图 8-17 所示的刮水刷臂角 α 随着刮水器的刮刷动作而变化,由于弹簧的伸缩,刮水刷臂对刮水刷片的压紧力将随着刮水刷臂角 α 的变化而变化。压紧力的变动不易过大,因此,应使用刚度尽可能小的弹簧,以使压紧力的变动量相对于 α 角的变动量小些。不管刮水刷臂处于任何刮刷位置,刮水刷片的压紧力不得低于 0.08N。

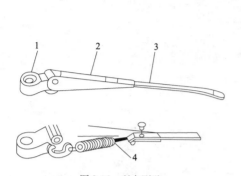

图 8-16　刮水刷臂
1-刮水刷臂头部；2-夹持器；3-刮片杆；4-弹簧

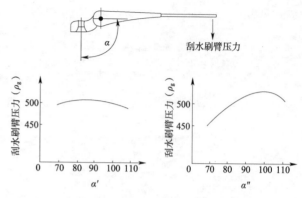

图 8-17　两种刮水刷臂压紧力与刮水刷臂角 α 关系

刮水刷臂与枢轴的装配方法有细齿花键连接与锥形头部连接两种，如图 8-18 所示，前者拆装简便，但不能进行微调。

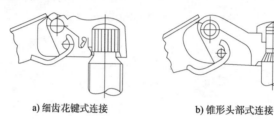

a) 细齿花键式连接　　　　b) 锥形头部式连接

图 8-18　刮水刷臂与枢轴连接方法

（2）刮水刷片，是由刮水刷片胶条、支撑胶条的板簧式衬片、组合的弓形架以及刮杆的连接件组成，如图 8-19 所示。

刮水刷片形状分为平面与曲面两种。平面刮水刷片结构简便，多用于载货汽车的平面风窗玻璃上。但由于风窗玻璃的曲面化，其使用范围越来越小，逐渐为曲面刮水刷片所取代。

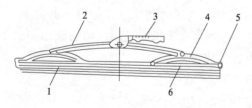

图 8-19　刮水刷片
1-胶条；2-主弓架；3-连接杆；4-副弓架；5-挡块；6-衬片

① 刮水刷片胶条。其断面的形状如图 8-20 所示，颈部的作用是使刮水刷片胶条在刮刷时与玻璃面保持适当的接触角，接触的大小以 30°～50° 为宜，过大过小都会妨碍正常刮刷，是引起刮不干净与高频振动的原因之一。

刮水刷片胶条的刃口部分要求加工得既尖又直，它对刮刷性能有很大影响。刮水刷片胶条经常处于日晒、风吹、雨淋及气温变化，又受到刮水刷臂的挤压，所以应使用耐候性与机械性能好的优质胶条。常用氯丁橡胶与天然橡胶配制。氯丁橡胶具有很强的耐臭氧性与耐药性，但缺乏弹性，特别是有低温硬化与永久变形等缺点。天然橡胶富有弹性，并且有抗气温变化的特性，且不易产生永久变形，便耐臭氧性差，易于老化。

第八章 汽车风窗玻璃及其附件的拆装与维护

②刮水刷片弓形架。为了适应曲面风窗玻璃的形状,保证刮水刷片胶条密切贴合玻璃曲面,多采用主、副弓形架组合的加强结构,使来自刮水刷臂的压紧力经板簧式衬片均匀地分布到整个刮水刷片的长度上。图 8-21 表示两种具有代表性的弓形架组合形式,图 8-21 a)的刚性较好,图 8-21b)的压力分布较均匀。

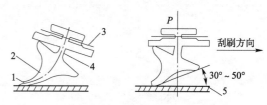

图 8-20 刮水刷片胶条的断面形状
1-刃部;2-唇部;3-衬片;4-颈部;5-玻璃

(3)刮水刷臂与刮水刷片的结合方法。可分为中心铰接式与侧面插销式两种,如图 8-22 所示。

卡口式与内锁式为中心铰接式的代表形式,销钉式与螺钉式为侧面插销式的代表形式。由于卡口式结合方法使刮水刷臂与刮水刷片和结合高度稍高,所以多采用侧面插销式的结合方法,以降低结合高度,特别是在装配隐蔽式刮水器的汽车上。

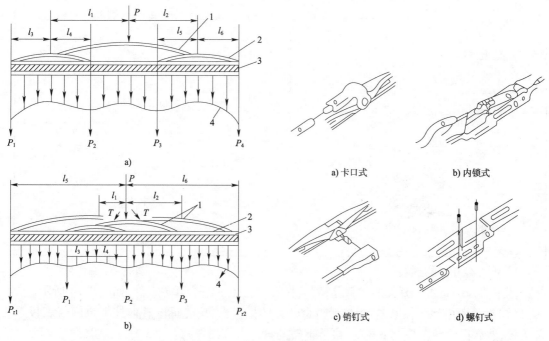

图 8-21 两种弓形架组合的负荷分布
1-弓形架;2-衬片;3-胶条;4-负荷分布

图 8-22 刮水刷臂与刮水刷片的结合方法

5)自动刮水器

为实现风窗除水的自动化,现代汽车采用了雨滴感知刮水器,如图 8-23 所示。发光二极管发出的光线经反射镜反射后射向风窗玻璃,如果遇到水滴,则产生的反射光线经凹面镜汇集后照射在光敏三极管上。光敏三极管产生的电信号传给 ECU,作为判断是否自动起动刮水器的主信号。

2. 电动风窗刮水器的拆装

拆装电动风窗刮水器时,需要用到一些专用工具,见表 8-1。

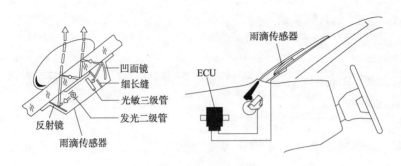

图 8-23 雨滴感知刮水器

电动风窗刮水器拆装专用工具　　　　　　　　　　　　　表 8-1

图　解	工具名称
	刮水器变速器拆分器
	刮水器变速器安装工具
	刮水器臂拔出器

1）刮水器开关的拆装

刮水器开关是组合开关的一部分,安装在转向柱上。组合开关零件,如图 8-24 所示。

(1)拆下蓄电池负极电缆,为接近组合开关的插接器,应先拆下转向柱下方的仪表板下部盖板,然后拆下转向柱上下盖板,再拆下转向盘。

(2)找到位于组合开关插接器内的刮水/洗涤器开关的端子,如图 8-25 所示。

(3)撬开位于组合开关插接器上的插脚锁扣机构。利用小螺丝刀松开插接器内插脚的锁扣,从插接器和线束套管中拉出线头和插脚,如图 8-26 所示。

(4)从组合开关的后部旋下螺钉,拆下刮水器组合开关,如图 8-27 所示。

(5)安装时,按照与拆卸相反的顺序进行。在将刮水器开关线路端子往线路插接器内安装的过程中,应将端子插脚一直推到位。

2）刮水刷臂的拆装

(1)将点火开关拨到 ACC 位置,将刮水器开关拨到 DELAY(间歇),当刮水刷臂位于停止位置时,关闭点火开关。

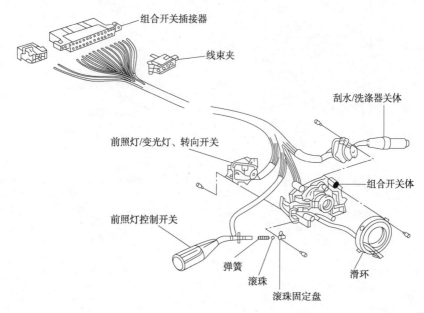

图 8-24 组合开关零部件

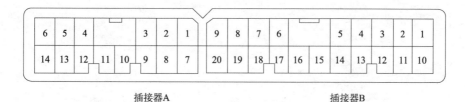

图 8-25 组合开关插接器端子

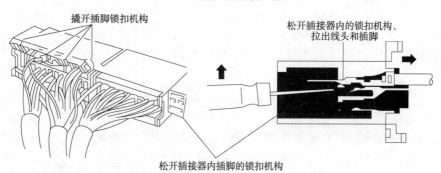

图 8-26 松开组合开关插接器内的线路端子

(2)从螺母上揭去盖帽,从刮水刷臂上拆去螺母。

(3)使用刮水刷臂拔出器,通过摇动从刮水器变速器驱动轴上拆下刮水刷臂,如图 8-28 所示。

(4)在刮水器变速器驱动轴上安装刮水刷臂,同时保持下列距离:左侧 50～60mm;从刮水刷臂末端至进风口格栅衬板右侧 45～55mm,如图 8-29 所示。

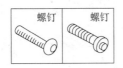

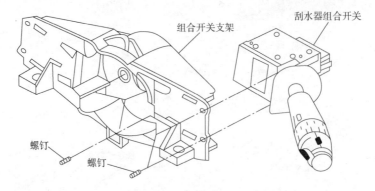

图8-27 拆下组合开关

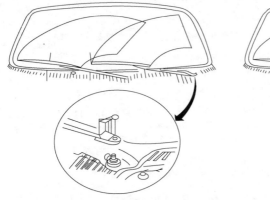

图8-28 拆下刮水刷臂

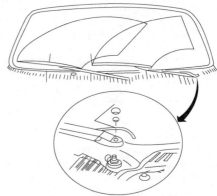

图8-29 安装刮水刷臂

(5) 将螺母安装到刮水器变速器驱动轴和刮水刷臂上,按规定力矩拧紧螺母。在螺母上盖上盖帽。

(6) 操作刮水器,检查工作是否正常。

3) 刮水刷片总成的拆装

对于损坏的刮水刷片要及时更换,实际中多直接更换刮水刷片总成。操作步骤如下:

(1) 将刮水刷臂升起,并将刮水刷片总成头部翻转,使橡胶刮水刷片向上。

(2) 然后向下压刮水刷片支座,支座就会与刮水刷臂前端的支持器分离,如图8-30所示。

(3) 准备规格相同的新件,按与拆卸相反的顺序安装新的刮水刷片总成。

(4) 检查刮水器的工作情况,如果需要做适当调整。

4) 刮水器电动机及变速器的拆装

(1) 从车辆上拆卸进风口前罩板。

(2) 从刮水器变速器上拆卸刮水器电动机曲轴臂,如图8-31所示。

第八章　汽车风窗玻璃及其附件的拆装与维护

图 8-30　拆卸刮水刷片总成

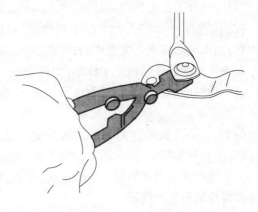

图 8-31　拆卸刮水器电动机曲轴臂

（3）拆卸刮水器传动系统，如图 8-32 所示。

（4）从刮水器电动机和刮水器变速器上拆卸三个螺钉，将电动机摇臂从刮水器变速器上断开。

（5）按照与刮水器电动机及变速器拆卸相反的顺序安装刮水器电动机及变速器。

3. 刮水器的检查与维护

1）刮水器的基本检查

（1）检查刮水刷片外观有无异样、橡胶是否有老化，若有应更换。

（2）检查刮水刷片的工作状况。打开刮水器，工作几个循环后，关闭刮水器。玻璃出现刮不均匀或不干净的现象，应更换刮水刷片。

2）动态检查

（1）检查时先喷出一些清洗液，然后开动刮水器，留意其动作是否流畅。

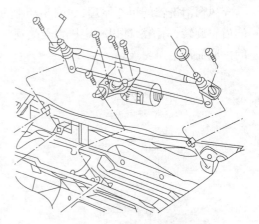

图 8-32　拆卸刮水器传动系统

（2）若有较大的"刮刮"声，表示刮水器刷臂过分压向玻璃，必须做出适当的调校。

（3）若有"咔嗒"声或刺耳的噪声，由于胶条磨损老化、臂杆及支架损坏所导致。在无润滑的情况下，刮水器刮扫干净的玻璃时也会有摩擦声。

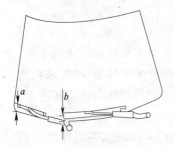

图 8-33　刮水刷片停止位置的检查与调整

（4）刮水刷片停止位置检查与调整。起动刮水器电动机，检查刮水器与前风窗玻璃下边缘之间的距离，如图 8-33 所示。a 和 b 的距离要满足该车型的要求。如不符合要求，应松开刮水刷片的调整螺母，调整到规定的距离，然后拧紧紧固螺母。

3）刮水器故障排除

（1）接通点火开关后，刮水器开关无论置于哪一挡位，刮水器均不工作。主要原因有：熔断器烧断；刮水电动机或刮水器开关有故障；机械传动部分故障；线路断路或插接件松脱。

首先检查熔断器是否熔断，插接件是否松脱，线路有无断路;然后检查开关是否正常;最后检查电动机及机械传动部分。

(2)接通点火开关后,刮水器个别挡位(低速、高速或间歇挡)不工作,其余正常。主要原因有:刮水电动机或开关有故障;间歇继电器有故障;线路断路或插接件松脱。

如果是高速或低速挡不工作,可先检查该挡位对应的线路是否正常;开关是否正常;最后检查电动机电刷。如果是间歇挡不工作,应检查刮水器开关的间歇挡、所在线路及间歇继电器是否正常。

(3)开关断开或间歇工作时,刮水刷臂不能停在风窗底部。主要原因有:自动停位装置损坏;刮水器开关损坏;刮水刷臂调整不当;线路连接错误。

首先检查刮水刷臂的安装是否正确;开关线路连接是否正确;最后检查自动停位机构的触片和滑片接触是否良好。

二、喷水装置的检查与维护

1. 喷水装置的组成和结构

电动风窗喷水器是由清洗泵、储液罐、喷嘴、软管以及控制开关等构成,如图8-34所示。

风窗清洗器的工作原理,如图8-35所示。当按下控制开关5时,电动机即带动清洗泵2的齿轮旋转,清洗液即以一定压力经喷嘴3喷到风窗玻璃4的外表面上,再配合风窗刮水器的刮刷而清洁风窗玻璃。

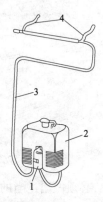

图8-34 风窗清洗器
1-清洗泵与电动机;2-储液罐;3-软管;4-喷嘴

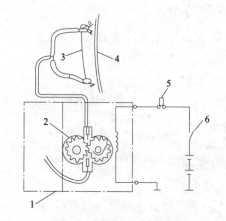

图8-35 风窗清洗器工作原理
1-清洗液罐;2-清洗泵;3-喷嘴;4-风窗玻璃;5-控制开关;6-电源开关

清洗泵所用的电动机多为小型陶瓷永磁式电动机,与清洗泵组装在一起。清洗泵的形式有离心式、齿轮式和挤压式三种,如图8-36所示。离心式清洗泵通常装在储液罐的下部,由于没有吸入位差,所需功率较小,经久耐用,应用最广,其缺点是清洗液被抽空时,泵内会吸入空气,而引起喷射不稳定现象。目前所采取的改善措施主要是利用空气与水的密度差,使空气无法积存。

齿轮式清洗泵是在泵体内装有两个相互啮合的齿轮,转动时,清洗液从各齿轮的齿间排出。

挤压式清洗泵是靠叶片挤压清洗液,其优点是安装地点不受限制,但耐久性差,容易引起叶轮的过早磨损。

a) 离心式　　　b) 齿轮式　　　c) 挤压式

图 8-36　清洗泵的形式

2. 清洗器的拆装

风窗清洗器的拆装主要是储液罐、泵喷嘴和软管的拆装。

(1) 从清洗泵上断开导线插头。

(2) 从储液罐凸缘上拆下螺母，断开清洗泵上的软管。

(3) 从储液罐上将泵拆下，去除的泵密封。

(4) 从发动机舱盖上拆下泵喷嘴，并且将软管从喷嘴上断开，拆卸软管总成。

(5) 按与拆卸相反的顺序进行安装。注意螺钉的拧紧力矩和导线插头的连接。

3. 喷水器检查与调整

(1) 喷水位置检查。检查喷水位置是否符合要求，如果喷水位置有偏差，在刮水的时候会有影响。喷嘴可以用针头调整其喷水位置，调整针的直径不得大于 1mm，否则容易损坏喷嘴。

(2) 喷水形状检查。每个喷水器都有两个喷水嘴的，可喷出两道水流，水流要沿直线喷出且均匀，稍呈雾状，如图 8-37 所示。若喷水效果不好，有时是因为喷嘴被灰尘堵塞造成的，冬天可能因喷嘴内结冰而无法进行调整，必须先使喷嘴中的冰融化而后调整。

图 8-37　检查喷水形状

三、其他装置的维护

1. 车内后视镜的拆装与维护

车身内后视镜的结构如图 8-38 所示，镜杆通过弹簧片、卡座以及螺钉与车身相连，当遇到较大撞击力时，车内后视镜弹簧片会自动滑入杆端部，杆和镜头一起脱落，避免人员受到更大伤害。

1) 普通倒视镜的拆装

(1) 拆卸时，将倒视镜从支架处斜向下压。如图中间箭头方向，压紧镜脚内压紧弹簧。然后按镜片两侧方向旋转，拆下倒车镜。如图 8-39 所示。

(2) 安装时，如图 8-40 中间箭头所示方向，旋转 60°~90° 将后视镜安装到位。然后按镜片两侧方向旋转，直到锁紧弹簧锁止。

2)带附属装置后视镜的拆装

(1)拆下走线槽盖板,将线缆插头拔出。按图中 B 方向旋转 $60°\sim 90°$ 将后视镜卸下,然后按箭头 A 方向取下后视镜,如图8-41所示。

注意:走线槽不要扭动。

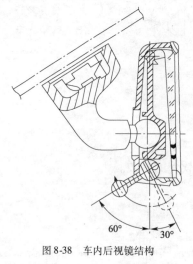

图8-38 车内后视镜结构

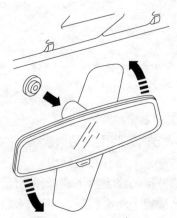

图8-39 普通后视镜的拆卸

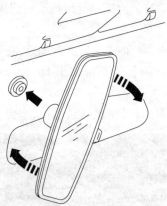

图8-40 普通后视镜的安装

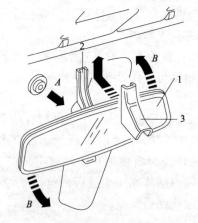

图8-41 带传感器后视镜的拆卸
1-后视镜;2-走线槽;3-走线槽盖板

(2)安装时,将后视镜按箭头 A 所示方向旋转 $60°\sim 90°$ 安装到位,再按图中 B 方向转动,直到锁紧弹簧锁止,如图8-42所示。连接线缆插头,并安装走线槽盖板。

3)后视镜检测

(1)后视镜安装完成后,打开点火开关到ON挡,变速器不能挂倒车挡。

(2)将正面的光电传感器遮住,用手电筒照射反面的光电传感器。观察后视镜是否能够在短时间内变暗。

(3)向前风窗玻璃淋水,观察刮水器是否能正常工作。

2. 风窗加热线的维护

加热型的玻璃多用在汽车的后风窗处。当天气变冷以后,尤其是北方地区到了秋季以后,汽车驾驶室内外的温差会很大,导致玻璃内表面容易产生雾气,妨碍驾驶员视线,严重影

第八章 汽车风窗玻璃及其附件的拆装与维护

响行车安全。给前风窗玻璃除雾的是仪表板上对着玻璃的空调出风口,打开暖风将玻璃加热,雾气和霜就会消失了。后风窗有单独的加热线,它是由镍铬合金材料制成的除雾线,当打开开关时(图8-43),玻璃会慢慢加热,使水珠蒸发,保障后视视线。

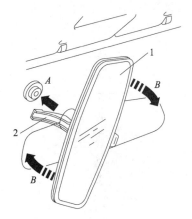
图8-42 带传感器后视镜的安装
1-倒视镜;2-走线槽

图8-43 玻璃加热开关

玻璃加热线在使用过程中,可能会被意外划断。或者,在贴膜时,由于操作不当造成加热线损坏。简单的维修方法是在损伤部位涂导电漆。如果损伤严重,则需要更换新玻璃。

如果损伤部位在插头处,则可以通过焊接维修。

第二节 风窗玻璃的拆装与更换

知识要求

1. 风窗玻璃拆装注意事项及安全操作知识(初级要求)。
2. 汽车玻璃拆装规范操作流程(中级要求)。
3. 常用汽车玻璃拆装工具的使用与维护方法(初级要求)。
4. 风窗玻璃密封胶的性能、特点(中级要求)。
5. 汽车玻璃专用底涂的性能、特点和使用方法(中级要求)。
6. 客车风窗玻璃安装技术要点(中级要求)。
7. 能检测风窗玻璃密封条、装饰条的老化程度(中级要求)。
8. 风窗玻璃框架钣金校正的技术要点和注意事项(高级要求)。

技能要求

1. 能更换橡胶条式的风窗玻璃(初级要求)。
2. 能检测风窗玻璃密封条的老化程度(初级要求)。
3. 能拆装轿车的风窗玻璃(玻璃弦高小于1.2m)(中级要求)。
4. 能诊断风窗玻璃拆除后是否有损伤(中级要求)。
5. 能正确使用黏结剂(中级要求)。

6. 能更换弦高大于1.2m以上的客车风窗玻璃(中级要求)。
7. 能拆除汽车碰撞后框架变形但未损伤的风窗玻璃(高级要求)。
8. 能对碰撞后变形的风窗玻璃框架钣金进行校正(高级要求)。

一、风窗玻璃拆装工具和材料

1. 黏结式玻璃拆卸工具

黏结式玻璃必须使用专用的工具拆卸,并提供保护措施,以防损伤玻璃和汽车内饰零件。图8-44所示为专门用于拆卸黏结式玻璃的工具套装。

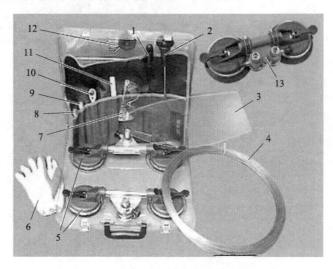

图8-44 车窗玻璃拆卸系统

1-钢丝牵引头;2-抛物面凿子;3-塑料垫圈;4-切割钢丝;5-卷盘;6-防护手套;7-防护眼镜;8-加长件(短);9-加长件(长);10-转换棘轮;11-塑料楔;12-牵引针;13-双槽卷盘

(1) 钢丝和卷盘。钢丝能将黏结剂割开,如图8-45所示。切割时先用钢丝牵引头将原黏结剂钻透,将切割钢丝穿过并固定在卷盘上。

卷盘可以吸附在玻璃内侧或外侧,通过棘轮转动卷起钢丝,切割黏结剂。同时,能方便移动玻璃。如果有带夹持器的中继滚轮装置,可将滚轮装在风窗的左、右两个下角,夹持器要支撑在仪表板上,如图8-46所示。再在风窗中间安装卷盘,用卷线棘轮轻轻拉紧切割钢丝,即可操纵手摇柄进行切割。

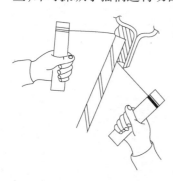

图8-45 用钢丝切割黏结剂

(2) 黏结剂切割刀。实际工作中,切割玻璃黏结剂的方法很多,如热刀法、冷刀法及电动振动刀法等。所使用的工具有电动振动刀、双柄割刀等,如图8-47所示。

电动振动刀有几种不同的刀片,适用于玻璃与车身之间不同连接部位的拆卸。如果使用电动振动刀切割黏结剂,则在贴好保护带后,将振动刀的刀片紧贴玻璃边缘插入黏结剂,按压电源开关,刀片即开始振动并切割黏结剂。

如果使用电热刀切割,首先将电热刀插进黏结剂中并使刀片尽可能靠近玻璃边沿,按压热刀的电源开关,等刀片变热后,

第八章 汽车风窗玻璃及其附件的拆装与维护

用手推动电热刀,沿着玻璃的整个周边进行切割。切割玻璃角落的黏结剂时,使工具柄尽可能靠近该角落,然后使工具旋转来切除黏结剂,如图 8-48 所示。注意刀刃不要扭转,以免断裂。如果切削后的黏结剂有自行恢复密封的倾向,就要使用楔块塞入刚切开的切口,以限制黏结剂的回粘。

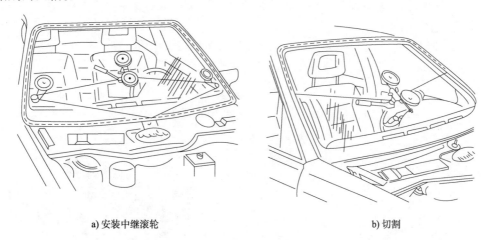

a) 安装中继滚轮   b) 切割

图 8-46 用专用的钢丝牵拉装置拆卸风窗玻璃

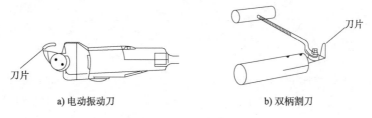

a) 电动振动刀   b) 双柄割刀

图 8-47 黏结剂切割刀

如果使用冷刀(图 8-47 中的双柄割刀)来切割黏结剂,就要先把玻璃边缘到压焊凸缘处的多余黏结剂切除,如图 8-49a)所示,再将黏结剂切开 V 形口,如图 8-49b)所示。用适当的化学剂使黏结剂软化。插进冷刀并小心地拉它穿过密封剂,如图 8-50 所示。使刀略为倾斜,以便前刃沿着玻璃表面切削。用手拉动(或推动)手柄即可沿玻璃周沿进行切割。

2. 黏结剂与活塞枪

汽车玻璃安装用的黏结剂多为单组分、高黏度的聚氨酯类胶,固化后形成柔软的弹性体,与玻璃、陶瓷涂层玻璃等表面具有良好的黏结性能。黏结剂需要用活塞枪挤压涂敷到黏结的表面,活塞枪有手动和气动类型。黏结剂和活塞枪,如图 8-51 所示。

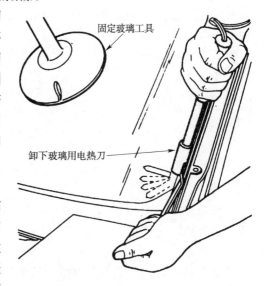

图 8-48 用电热刀切割风窗玻璃黏结剂

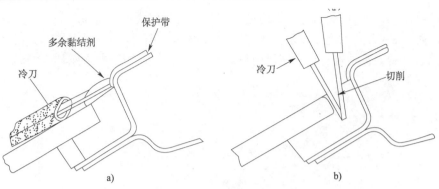

图 8-49 切除压焊凸缘的黏结剂

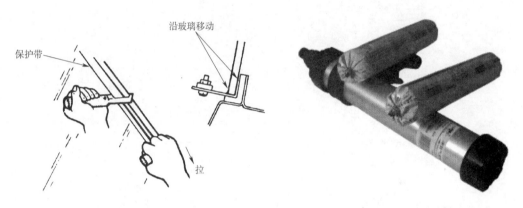

图 8-50 将冷切拉过黏结剂　　　　图 8-51 黏结剂和活塞枪

（1）黏结剂的固化。黏结剂的固化通过在室温下与潮湿空气的反应实现。最短固化时间，见表 8-2。此固化时间是在 22℃ 以上和在 38% 的相对空气湿度下达到的。如果未保持最短固化时间，则可能由于车窗玻璃的移动而导致出现泄漏和风噪声。在环境温度低于 5℃ 时，黏结剂的固化过程完全中断，这时，粘贴连接的强度不再提高。

黏结剂固化时间　　　　　　　　　表 8-2

黏　结　剂	最短固化时间	最短固化时间
加热处理	2h	3h
冷处理	9h	20h

（2）黏结剂的废弃处理。黏结剂筒上标有建议使用日期，最好在此日期前使用。已经固化的黏结剂可作为普通垃圾处理。如果黏结剂还未固化，为了使其与潮湿空气进行反应，可将它装在纸袋中处理。

注意： 未固化的黏结剂、黏合剂筒和黏结剂与溶剂的混合物及类似物品必须作为特殊垃圾进行处理。

3. 底涂剂

底涂剂是以硅氧烷为主要原料的无色、含溶剂液体，如图 8-52 所示。专用于多种难黏结材料之间的连接，也称处理剂或增粘剂。对底涂剂的要求包括两个方面，一是具有良好操作性能，即要具有易于施工的黏度、浸润性好、使用期长、晾置时间短；二是具有良好的涂膜物性,即较高的内聚强度,黏结性好,固化收缩小,耐水、耐热、耐候等。

(1)使用方法。使用前充分摇匀,然后用专用涂刷工具(细毛刷或脱脂棉)或喷涂,薄而均匀地涂在被黏结物表面上,充分干燥(约30min,根据具体环境条件而变化)。

使用后应立即将瓶盖拧紧,以免未用完的底涂剂失效。

(2)注意事项。避免与皮肤或眼睛接触,若不慎接触,立即用大量清水冲洗并就医;从原包装倒出的底涂剂必须在规定时间内用完,未使用完的底涂剂不得倒回原包装;保持工具的干燥、洁净;如有沉淀现象,观察试验效果后再决定是否使用。

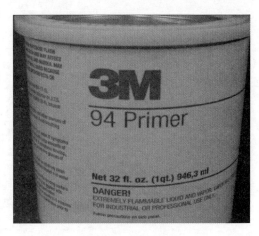

图8-52　3M黏结底涂剂

二、黏结式车窗玻璃的拆装

不同车型黏结式车窗玻璃的拆装工艺基本相同,根据玻璃尺寸大小、形状等,更换难度会有不同。一般来说,轿车、客车黏结式侧窗玻璃的拆装相对容易些,轿车的前后风窗玻璃拆装要困难,需要熟练掌握拆装技能,大客车风窗玻璃的拆装最难。对于风窗玻璃的拆装,一般都需要2人以上配合操作。

1.拆装前的保护

(1)用车身保护罩将发动机舱盖、前翼子板等保护好,同时,车内座椅、仪表板也要进行防护,防止在拆装操作过程意外划坏漆面和内饰,如图8-53所示。

(2)在玻璃一周的窗框内外表面使用塑料垫圈或贴上胶带,以保护漆面,如图8-54所示。

2.拆除附件

(1)拆卸玻璃装饰条、刮水器、车内后视镜等附件。对于后风窗玻璃,要断开加热线插头。

图8-53　车身保护

(2)检查玻璃密封条是否有老化、变形、断裂等缺陷。如果有缺陷,则要准备新件。

(3)将拆除的零件放在规定区域,防止遗失。

3.拆卸玻璃

(1)将卷盘固定在玻璃内侧的中间位置,保证安装牢固。

(2)用钢丝牵引头将原黏结剂钻透,将钢丝从内部穿过,如图8-55所示。

(3)将切割钢丝在玻璃外侧的周边铺设一圈,如图8-56所示。

(4)将钢丝的末端固定在刮水器的固定螺栓上,如图8-57所示。

(5)将切割钢丝的另一端固定在卷盘上。

(6)切割黏结剂,直到钢丝呈90°而无法继续切割时,需要移动卷盘位置继续切割,如图

8-58所示。

图 8-54　车身保护

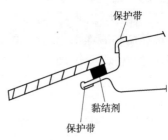

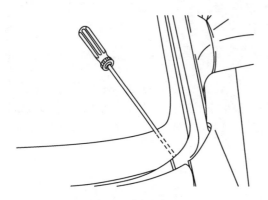

图 8-55　穿切割钢丝

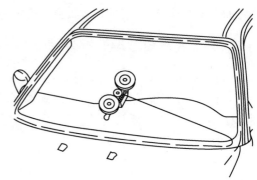

图 8-56　铺设切割钢丝

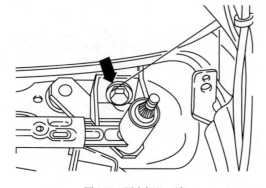

图 8-57　固定钢丝一端

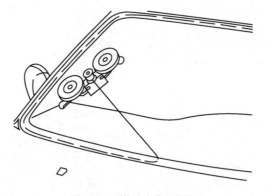

图 8-58　更换卷盘位置切割

频繁更换卷盘位置不方便,可以在卷盘和切割位置之间加换向轮,改变钢丝的方向,如图 8-59 所示。

注意: 如果玻璃已经损坏,只要尽快将黏结剂切开即可。当玻璃没有损伤时,切割黏结剂时要格外小心,防止由于操作时玻璃受力不均而破损。

4. 损坏窗框的维修

当车辆碰撞后,风窗玻璃损坏的同时窗框也发生了变形,如图 8-60 所示。如果窗框变形不严重,玻璃维修人员可以用钣金锤和垫铁,将损伤部位修复。如果窗框发生了严重变形,可能会造成车身尺寸的变化。修复时,需要使用车身尺寸测量系统和车身校正平台等专业车身钣金维修设备才能将损失修复。

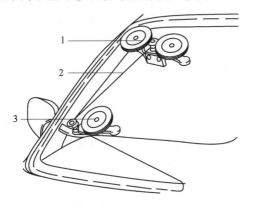

图 8-59 加换向轮
1-卷盘;2-切割钢丝;3-换向轮

图 8-60 受损的风窗框

5. 安装前准备

(1)处理损坏油漆层。为了保证长期的防腐蚀功能,应对损坏的油漆进行修补。油漆层的修补最好请专业技师完成,以保证修补质量。

(2)处理窗框黏结区域。如图 8-61 所示,用小刀割掉残留的黏结剂,使窗框压焊凸缘四周的残余胶粘剂厚度在 2mm 以内,并修整使其光滑平整,如图 8-62 所示。如果窗框压焊凸缘锈蚀损坏严重或旧黏结剂老化严重,则需全部清除干净(包括锈蚀),并涂上防锈底漆。

注意:如果原黏结剂质量较好,则不要刮掉过多的黏结剂,不要让小刀损伤车身上的油漆表面。如果油漆表面受损伤,则应使用维修油漆或防锈剂修补损伤的部位。

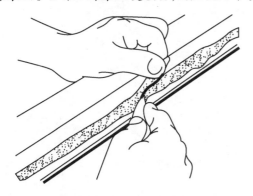

图 8-61 清除残留胶粘剂

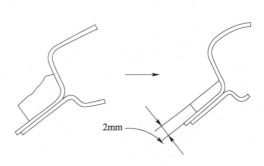

图 8-62 修整残留的黏结剂

(3)用酒精清洁窗框的安装表面。

注意:让已被清洁的部位搁置 3min 或更长时间,待晾干后再继续进行下一步作业。此外,不要触碰已清洁好的表面。

(4)如仍使用被拆下的玻璃时,应清除掉残留在玻璃上的黏结剂和车窗衬垫屑,并用酒精进行清洁。

(5)处理玻璃陶瓷表面。在玻璃内侧的边缘区域,为保护黏结剂条有一层黑色的、紫外线无法穿透的玻璃陶瓷。不得将其损坏,用酒精清洁,保持至少 1min 的干燥时间。

(6)在所有的黏结表面涂上一层薄薄的底涂剂,保证完全干燥再进行下一步施工。

(7)检查所有显露的嵌条夹。把断裂和锈蚀的夹子更换,并矫直弯曲的夹子。

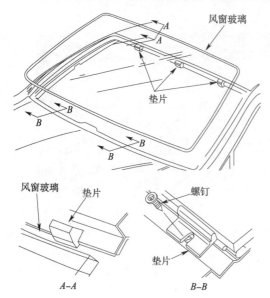

图 8-63　典型的玻璃垫片安装位置

6.试安装玻璃

(1)在适当的位置安装玻璃垫片,如图 8-63 所示,各垫片必须在玻璃周围对称地支撑。

(2)由另一人协助,将风窗玻璃放到窗口定位,并作出准确安装位置的定位标记(如贴上胶带),然后再将胶带沿玻璃边沿切断,如图 8-64 所示。

7.安装

(1)将黏结剂筒装入活塞枪中。拆下封口,并将黏结剂挤出约 50mm 的试验黏剂条。

注意:试验条中是否有气泡产生。如果没有气泡,则应立即将黏结剂涂覆到黏结面上。

(2)在涂覆黏结剂条时,活塞枪嘴与黏结面接触,并倾向黏结方向一定角度,如图 8-65 所示。涂黏结剂要一次完成,中断时间不得超过 5s。涂层厚度约 2mm。

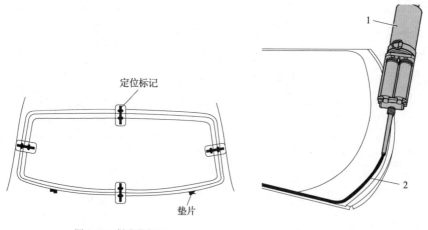

图 8-64　做定位标记

图 8-65　涂黏结剂
1-活塞枪嘴;2-黏结剂条

(3)将涂好黏结剂的玻璃用两个卷盘小心提起,按定位标记安装。调整好玻璃与车顶侧边缘和上边缘的距离(后窗位置必须比车顶外蒙皮低,只有这样才能避免风噪声)。

(4)玻璃定位好后,用塑料胶带将玻璃固定,如图 8-66 所示。当黏结剂完全固化后,才能拆掉塑料胶带。

8.安装后检查

(1)检查拆卸过的部件是否正常。

(2) 检查刷水器和喷嘴是否正常工作。
(3) 检查相关电子设备是否正常工作。
(4) 检测玻璃密封性。
(5) 检查和清理工作区域,清扫车内残留碎屑。

三、密封条式固定车窗玻璃的拆装

1. 玻璃的拆卸

(1) 拆除刮水臂、后视镜等影响玻璃拆装作业的零部件,在风窗玻璃和窗框的中心做标记,如图8-67所示。

(2) 拆卸外装饰条。在大多数情况下,风窗玻璃的外装饰条是由几段构成的,每一段都用螺钉或卡子来固定,如图8-68所示。

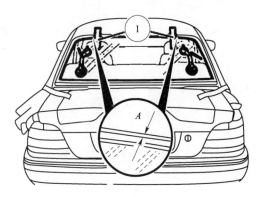

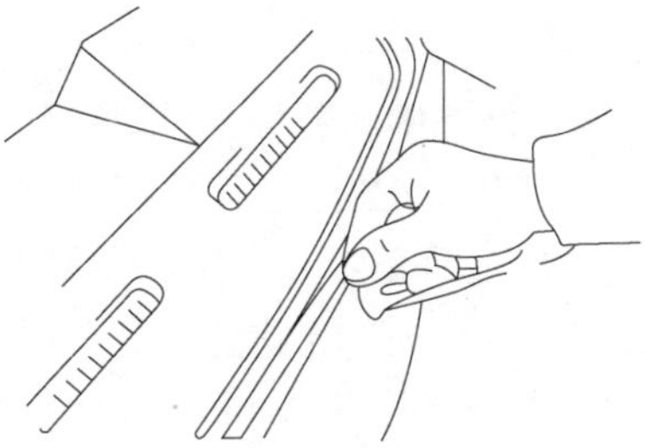

图8-66 后窗的安装
1-塑料胶带;A-玻璃距车顶边缘的距离

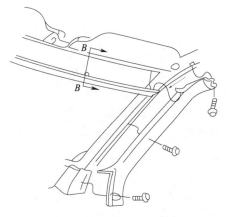

图8-68 外装饰条的安装情况

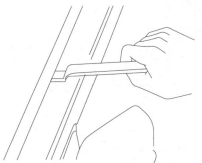

图8-67 做中心标识

所有的装饰条都应当用专用工具来拆卸,如图8-69所示。用专用工具撬出左、右侧嵌条和上、下嵌条。

注意:已经弯曲变形的嵌条不能再使用。

(3) 用专用工具撬开密封条,使其与压焊凸缘分离。由另一人协助从内侧向外推风窗玻璃,慢慢将风窗玻璃取下。

2. 安装玻璃

(1) 用溶剂清理压焊凸缘上的污物和残留的密封胶,安装垫块和垫条。

(2) 小心地将玻璃装到垫块上,检查安装位置并对中。

图8-69 用专用工具撬出嵌条

(3) 玻璃定好位后,用胶带做好记号,然后沿玻璃周边将胶带切断,把玻璃取下放在一旁。在正式安装时,使窗框上的胶带对准玻璃上的胶带来定位,如图8-70所示。

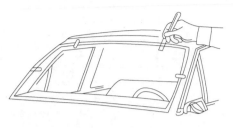

图8-70 用胶带做记号

（4）将玻璃的边缘和密封条清理干净,把密封条安装在玻璃上,并沿密封条的凸缘槽埋入预先准备好的尼龙软线。塞线时应从玻璃的顶端开始,使线的两端在玻璃的下缘中部汇合,用胶带把线的末端粘贴到玻璃的内表面上。如图8-71所示。

（5）在密封条凸缘槽和窗口压焊凸缘的边缘上涂抹肥皂水。由另一人协助,把玻璃和密封条组件装到窗框里,应注意按胶带标记调整好位置。把密封条底面的槽滑到窗框的压焊凸缘上。如图8-72所示。

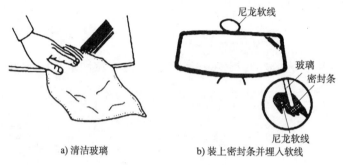

a) 清洁玻璃　　　　b) 装上密封条并埋入软线

图8-71 准备玻璃

（6）在车外用手掌压住密封条的同时,于车内玻璃下部的中间部位起,牵拉尼龙线,风窗玻璃随之被镶装在车身的压焊凸缘上,如图8-73所示。应注意按标记胶带调整对位。拉线时应从玻璃的下缘开始,使密封条进入位置,然后是侧缘,最后是上缘。线的两端要同时拉,否则玻璃容易破裂。为使橡胶条、玻璃、窗口三者之间贴合紧密,在镶装过程中可用手掌从外部轻轻拍打玻璃。确认安装合格后,沿密封条周围贴上胶带纸,以防止涂胶过程中或密封胶挤出后弄脏玻璃和车身油漆。

图8-72 预装玻璃

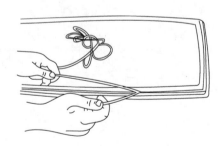

图8-73 牵拉尼龙线安装玻璃

四、玻璃密封检查与维修

车身上的各类玻璃,经过拆装后,均需进行密封性试验,以检查安装的质量。

1. 泄漏的常规检查

泄漏常发生在板的接口和玻璃与金属的接合处,这是由于缝隙、装配不严或密封剂不足造成的,如图8-74a)所示。如果密封条损坏、松动以及门或窗玻璃调整不当,则门窗、行李舱盖及风窗玻璃也会进入尘土和漏水,如图8-74b)所示。

当车门窗关闭时,行驶中的风噪声主要产生于门缝或玻璃缝。这通常是由于松动、密封条老化或装配不当造成的,如图8-75所示。此外,高速的风碰到凸起处也会产生风噪声。这是扰动导致风阻物体后侧形成涡流产生的啸叫声。风噪声产生的原因及处理方法,见表8-3。

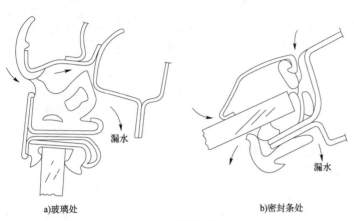

图8-74 漏水的原因

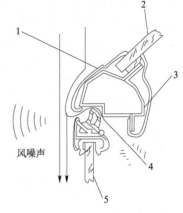

图8-75 风噪声的产生
1-装饰条;2-车顶;3-密封;4-嵌条;
5-玻璃

风噪声产生的原因与处理方法 表8-3

部 位	原因与分析	处理方法
风窗玻璃	接触表面黏合不良、玻璃密封条损坏或装配不良	修理或更换
门窗及有关零件	1. 由于门窗框弯曲导致密封不良; 2. 由于门框部件加工或安装不良形成间隙; 3. 车门玻璃导轨变形或橡胶密封条分离、断裂	1. 修理和矫正; 2. 调整并正确安装; 3. 修理并更换损坏橡胶条
车门组件	由于车门安装位置误差过大而导致密封条接触不良	重新调整车门使安装位置准确
门玻璃	门玻璃安装不当使配合间隙过大或不匀	重新安装或调整
车身	由于与车门密封条接触的部件有变形、损伤或表面存在电焊飞溅物而影响密封效果	根据接触痕迹修整损伤部位
车顶或前柱引水条	车身顶部或前柱引水条松脱或有裂缝	修复或黏结
与乘客室有装配关系的部位	各类管、线及转向传动等零部件,在通过车身地板、发动机舱中间隔板等部位时,由于装配或密封措施不当造成漏风	重新检查并进行密封处理

在进行泄漏检查前,要把发现泄漏区域内所有影响检查的装饰件拆除,以便能直观地发现尘土或水进入的部位。因为,表面上发现的渗漏部位与实际泄漏之处有一定差别,拆下泄漏区域内的装饰物,有利于对泄漏的观察。粉尘进入车内往往在进口处聚成明显的通风痕迹,发现后应先予以处理后再进行密封性检查。

2. 密封性检查

(1)简单的漏泄也可用强光源环绕车身进行照射检查,最好将汽车放到车库内由一人在内部观察。此法仅适用于直通式漏泄,对于曲折的漏泄通路,则光束不能通过。

(2)淋水检查。把所有有影响的装饰物拆除后,关闭所有门、窗,由一人进入车内观察。然后向怀疑泄漏的区域喷射低压水流,同时观察水从何处进入。水压以自来水的常压为好,采取普通喷法或用拇指轻压管端,从相距100～150mm处大范围连续喷射。

(3)压缩空气检查。先在窗的外缘周围涂上肥皂溶液,然后在车内用压缩空气从窗边吹向装配接合处。若肥皂溶液起泡,则说明该部位有缝隙,如图8-76所示。

(4)密封仪检测。有条件时,还可对维修后的玻璃进行密封测试仪检测。

3. 泄漏修理

前、后风窗玻璃漏水时,通常不必拆下玻璃就可修理。由于大多数泄漏都在风窗玻璃的上边缘,向密封胶条或装饰条内侧加注玻璃密封胶即可。为了保证质量,应首先清洗渗漏部位并用吹风机吹干;对于有油污的地方,建议用溶剂清洗干净,并将密封剂填满所有缝隙。

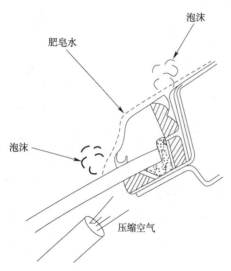

图8-76 用压缩空气和肥皂水检查泄漏

灌注密封胶前,应先对密封部位加以修整,然后再加密封胶并及时把多余部分用刮刀抹平,如图8-77所示。密封胶应与玻璃顶部的边缘齐平,并且不要影响装饰条的安装。在密封胶达到规定凝固时间后,应再次对该部位进行密封检查,如果没有发现泄漏,可重新装好装饰件。

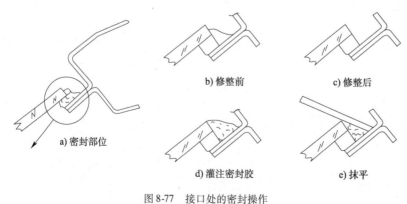

图8-77 接口处的密封操作

第三节　汽车玻璃安装方案工艺制定

> **知识要求**

1. 特种车型玻璃安装（高级要求）。
2. 特种车型风窗玻璃安装技术要点（高级要求）。
3. 工艺制定（高级要求）。
4. 汽车玻璃测绘知识（高级要求）。

> **技能要求**

1. 能制定特种车型风窗玻璃安装施工方案并安装（高级要求）。
2. 能制定新车型、改装车型玻璃安装施工方案（高级要求）。
3. 能绘制异形汽车玻璃零件示意图（高级要求）。
4. 能制定汽车玻璃改型工艺（高级要求）。

特种车辆指的是外廓尺寸、重量等方面超过设计车辆限界的及特殊用途的车辆，经特制或专门改装，配有固定的装置设备，主要功能不是用于载人或运货的机动车辆。包括各类专用罐车、各种专用机动车、厢式机动车；或车内装有固定专用仪器设备，从事专业工作的监测、消防、运钞（图8-78）、医疗、电视转播、雷达、X光检查等机动车。

图8-78　运钞车

特种车按其用途共分成四类：

（1）油罐车、汽罐车、液罐车。

（2）专用净水车、（1）以外的罐式货车，以及用于清障、清扫、清洁、起重、装卸（不含自卸车）、升降、搅拌、挖掘、推土、冷藏、保温等的各种专用机动车。

（3）装有固定专用仪器设备，从事专业工作的监测、消防、运钞、医疗、电视转播等的各种专用机动车。

（4）集装箱拖头车。

一、特种车型玻璃

1. 特种车型玻璃类型

根据国家标准要求，一般的特种车型使用的玻璃为钢化玻璃或区域钢化玻璃。对于安全要求较高的特种车型，如运钞车等需要安装防弹玻璃，如图8-79所示。

2. 特种车型玻璃特点

（1）特种车型玻璃一般外形尺寸较小、厚度不等、类型复杂。

（2）选用的玻璃要与车型用途相符。

图8-79　防弹玻璃

(3)对于不能直接购买成品的,需要玻璃维修人员设计定制。

(4)安装工艺简单。特种车型玻璃的安装方式与轿车、客车等基本相同,由于尺寸结构原因,拆装要易于轿车玻璃。

3. 防弹防盗玻璃

防弹防盗玻璃由多片不同厚度的透明浮法玻璃和多片PVB胶片组合而成。为了增强玻璃的防弹防盗性能,玻璃的厚度和PVB的厚度均有所增加。防弹玻璃的厚度为7~75mm。由于玻璃和PVB胶片的黏合非常牢固,几乎成为一个整体,且因玻璃具有较高的硬度而PVB胶片具有良好的韧性,当子弹接触到玻璃后,它们的冲击能量被削弱到很低的程度乃至为零,所以不能穿透。同样,金属的撞击也只能将玻璃击碎而不能穿透,因此起到防弹防盗的效果。防弹玻璃的安全性与下述结构因素有关:

(1)防弹玻璃的总厚度与防弹效果成正比。

(2)防弹玻璃结构中的胶片厚度与防弹效果有关,如1.52mm胶片防弹效果优于使用0.76mm胶片的防弹玻璃。

(3)玻璃强度与防弹效果有关。采用钢化玻璃制作的防弹玻璃,其防弹效果优于普通玻璃制作的防弹玻璃。

车用防弹玻璃的等级,见表8-4。

车用防弹玻璃的等级　　　　　　　　　　表8-4

分　类	级　别	要　求
按防护能力	F54	能防54式手枪
	F56	能防56式冲锋枪
	F64	能防64式手枪
	F79	能防79式微型冲锋枪
	FJ79	能防79式狙击步枪
按保护乘员能力	L类	内部有飞溅,不会造成致命伤害
	M	内部有飞溅,不会造成伤害
	H	内部无飞溅

二、特种车型玻璃的安装工艺

1. 绘制玻璃示意图

(1)用游标卡尺(图8-80)测量需要安装玻璃的厚度。如果有玻璃样板可以直接测量,若没有玻璃可以根据安装尺寸需要测量。

(2)测弧度。在圆弧的两个端点拉出一根线,线的长度即是圆弧的弦长;在线的中点测出圆弧的拱高,即弧顶到弦的垂直距离;计算出圆弧的半径和弧长。

(3)用直尺或卷尺测出玻璃的边长。

第八章 汽车风窗玻璃及其附件的拆装与维护

(4)根据测量的尺寸,绘出玻璃的示意图。

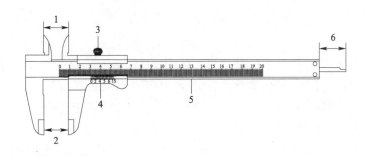

图 8-80 游标卡尺

1-测内径;2-测外径;3-锁止螺钉;4-游标尺;5-主刻度;6-测深度

2.玻璃的选用

严格按照安装技术标准选用合适的玻璃。首先要满足尺寸要求,对于有特殊要求的玻璃还要满足其他性能要求。比如运钞车上的防弹玻璃,至少要选用 F79 级,而且还要选用 H 类,以保护驾乘人员不能受到任何伤害。

在保证性能的前提下,要尽可能选用轻的防弹玻璃。另外,要注意玻璃的光学性能要达到国家标准规定的要求。

3.特种玻璃的安装

特种车型玻璃安装方法与普通汽车玻璃的安装工艺相似,但是安装前一定要充分了解玻璃的特点和安装要求。例如,防弹玻璃的安装要求如下:

(1)玻璃与支撑框架之间的间隙不小于 5mm,避免玻璃和框架的热膨胀而产生应力集中而受损。

(2)尽可能采用整块安装,边缘应伸进框内 30mm 以上。

(3)重叠安装时,重叠部分不小于 30mm,两块玻璃之间留一定缝隙(15mm)。

(4)玻璃与框架之间夹橡胶缓冲层固定。

参 考 文 献

[1] 刘振革.汽车美容[M].北京:中国水利水电出版社,2010.
[2] 周燕.汽车美容与装饰[M].北京:机械工业出版社,2012.
[3] 宋孟辉,贾宝峰.汽车美容与保养[M].3版.北京:人民邮电出版社,2014.
[4] 陈哲和.汽车美容技能[M].北京:中国劳动社会保障出版社,2010.
[5] 刘洋,黄炜炳.汽车影音技术[M].广州:广东海燕电子音像出版社,2007.
[6] 黄宜坤.汽车电控电气设备检测与维护[M].北京:机械工业出版社,2010.
[7] 张红伟.机动车车身修复人员从业资格考试必读[M].北京:金盾出版社,2008.
[8] 张成利.汽车钣金修复技术[M].2版.北京:人民邮电出版社,2017.
[9] 王斌.运钞车用防弹玻璃选装注意事项[J].专用汽车,2004(3).